2010
国务院发展研究中心研究丛书
DEVELOPMENT RESEARCH CENTER
OF THE STATE COUNCIL

美国金融危机的六个问题

SIX QUESTIONS ABOUT
THE US FINANCIAL CRISIS

方 晋 等著

中国发展出版社

封面设计：耀午书装

图书在版编目（CIP）数据

美国金融危机的六个问题/方晋等著. —北京：中国发展出版社，2010.7

ISBN 978-7-80234-565-2

Ⅰ.美…　Ⅱ.方…　Ⅲ.金融危机—研究—美国
Ⅳ.F837.125.9

中国版本图书馆 CIP 数据核字（2010）第 134697 号

书　　名：美国金融危机的六个问题
著作责任者：方　晋　等
出 版 发 行：中国发展出版社
（北京市西城区百万庄大街 16 号 8 层　100037）
标 准 书 号：ISBN 978-7-80234-565-2
经　销　者：各地新华书店
印　刷　者：北京科信印刷厂
开　　本：700×1000mm　1/16
印　　张：12.25
字　　数：170 千字
版　　次：2010 年 7 月第 1 版
印　　次：2010 年 7 月第 1 次印刷
定　　价：30.00 元
咨 询 电 话：（010）68990692　68990622
购 书 热 线：（010）68990682　68990686
网　　址：http：//www.develpress.com.cn
电 子 邮 件：fazhan@drc.gov.cn

国务院发展研究中心研究丛书

编委会名单

前言

Foreword

为什么金融危机周而复始地发生？为什么20世纪70年代之前30年很少爆发金融危机，之后30年危机却此起彼伏？美联储的低利率政策是导致此次美国金融危机的原因吗？全球失衡与金融危机之间是什么关系？在危机前，很多国家的宏观经济政策和美国一样宽松，其房地产泡沫程度甚至要远远大于美国，为什么危机是在美国爆发的呢？既然资产泡沫危害如此巨大，政府应不应该将资产价格列为宏观调控目标呢？

从次贷危机算起，美国金融危机从爆发到现在已经有3年时间了，有关的文章和书籍已是汗牛充栋。或许是由于危机还没有结束，或许是因为此次危机太复杂，对于危机的成因目前还存在巨大分歧。这些分歧已经影响到了包括我国在内的各国政府在应对危机、加强金融监管和改革国际货币体系等方面的决策。如果不对危机的成因进行正确的分析，我们就不能总结真正的经验和教训，也就无法防范未来可能发生的金融危机。

比如说，西方国家仍有人认为，全球失衡是导致此次危机的重要原因，而这种观点在我国也有一定市场。因此当西方继续以此为理由逼迫人民币升值时，我方难以提出有理有节的应对。而本书认为，全球失衡是当前国际货币体系弊端的结果，并不是造成此次危机的原因。全球失衡现象出现之前就发生过多次资产泡沫和银行危机，全球经济的再平衡也不能避免新的资产泡沫和银行危机。

还有一种流行的观点认为，美联储为了应对美国互联网泡沫破灭而在2003年时把利率降低到1%并维持一年之久，引发了美国房地产泡沫，最终导致了金融危机。如果这种逻辑是正确的，那么当前的美联储为了应对此次危机实行的零利率政策，岂不是要引发更大的房地产泡沫？为什么美国的房价还在下跌呢？

问题的关键不是利率和货币，而是信贷。金德伯格在《金融危机史》一书中曾经说过：过多的货币导致商品价格膨胀，过多的信贷导致资产价格膨胀。当银行惜贷的时候，宽松的货币政策并不能导致信贷的增长，资产泡沫也就没有基础，正如20世纪90年代的日本和今天的美国。反之，即时货币政策是中性甚至是偏紧的，金融机构通过金融创新一样可以扩大信贷。美国此次房地产泡沫主要是依赖资产证券化等金融创新手段实现的，金融风险也从传统的商业银行转移到整个金融体系，并从美国蔓延到全世界。

本书认为，造成此次美国金融危机的根本原因来自于微观制度层面。由于金融管制放松后导致的金融创新泛滥和金融监管的缺失，以及委托代理问题的恶化，使得美国金融体系的风险和脆弱性大大上升，导致有限的房价下跌，从而引发了一场巨大的金融危机。

本书的另一个特点是运用明斯基模型的分析框架，来解释此次美国金融危机，并从中得到借鉴和启示。明斯基认为，金融体系具有内在的不稳定性，易于动荡和爆发金融危机。私人信用创造机构，特别是商业银行和其他贷款人的内在特性，使得它们经历周期性危机和破产浪潮，金融中介的困境被传递到经济的各个组成部分，产生金融市场和宏观经济的动荡和危机。这才是金融危机周而复始地发生的根本原因。因此本书建议，宏观管理部门和金融监管当局，应将资产价格列为政策调控目标，并制定逆周期的政策工具。

方 晋

2010年6月

目 录
Contents

第一章

美国金融危机的六个问题

一、金融危机是怎样炼成的

金融危机的结构总是相似的，尽管每一次危机的细节各有不同。20世纪70年代以来，各种金融危机此起彼伏，危机的频率和影响的范围均超过历史上任何一段时期。而2008年9月爆发的美国金融危机，可以说是达到了这一金融动荡时期的顶峰。通过对金融危机理论的梳理，我们可以总结出共性的结构和原因，用于对美国金融危机的解释，并从中得出正确的政策含义。

(一) 金融危机具有哪些的特点

金融危机是指一个国家或几个国家与地区的全部或大部分金融指标，如短期利率、货币资产、证券、房地产、土地价格、商业破产数和金融机构倒闭数的急剧、短暂和超周期的恶化，严重时会导致经济衰退甚至经济危机。

金融危机的产生具有一定的历史背景、市场制度和金融体系的特性。低效的财政货币政策往往是金融危机爆发的潜在的基本因素，金融自由化和监管制度不到位是金融危机爆发的重要诱因。国际货币基金组织（IMF）将金融危机大致分为货币危机、银行危机、外债危机和系统性金融危机四大类。

纵观20世纪70年代以来的各类金融危机可以发现，发展中国家的危机往往是货币危机、外债危机、银行危机接连发生甚至同步发生。发达国家的货币一般都是国际可兑换货币，因此很少爆发外债危机，而自从发达国家全面转向浮动汇率制之后，货币危机也很少发生。因此，发达国家出现的危机一般都是银行危机，如20世纪90年代北欧三国房地产泡沫破灭之后引发的金融危机。但受此次美国金融危机的影响，欧洲国家近来爆发了主权债务危机，并引发欧元汇率大幅下跌。发达国家可能也会走上各种金融危机先后爆发的道路。这充分反映出此次危机的严重性。

（二）为什么金融危机会周而复始地出现

对金融危机的系统性理论研究是近二三十年出现的，研究的重点主要是货币危机理论和银行危机理论。银行危机研究的代表性理论包括：弗里德曼的货币政策失误论、托宾的银行体系关键论、戴尔蒙德和荻伯威格的金融恐慌理论、麦金农的道德风险论以及明斯基的金融不稳定假说。前四种理论都只是揭示了危机爆发的一个侧面或是最直接的原因，只对部分危机有解释力，没有揭示危机形成的深层次原因，也不能解释金融危机为什么会周而复始的发生。

而明斯基认为，金融体系具有内在的不稳定性，易于动荡和爆发金融危机。私人信用创造机构，特别是商业银行和其他贷款人的内在特性使得它们经历周期性危机和破产浪潮，金融中介的困境被传递到经济的各个组成部分，产生金融市场和宏观经济的动荡和危机。

这种金融市场动荡是由“错位”引起的，错位可能是由多种因素引发的，可能是由于战争的爆发与结束，也可能是年成的好坏、新技术的发明应用、金融创新等。只要错位产生的影响足够大，就可以在一个重要的经济部门通过提供获利机会来改善该部门的经济前景，使该部门具有极大的投资价值。一旦市场主体发现了这个投资机会，就会纷纷涌入，泡沫成分开始显现，经济的表面繁荣也随之而来。在此过程中，银行信贷的膨胀及向该领域的资金注入，又使投机色彩更为浓郁，昔日的投资理性也不复存在，资金的缺乏就通过向银行的借款来解决。当市场进入到过度投机阶段时，人们对未来的担心也逐步增强，一旦银行信贷不能及时跟上，这种担心就会发展为普遍的金融恐慌，接着就是市场崩溃。

显然，市场崩溃与企业的市场融资行为紧密相关。明斯基根据企业融资时的市场表现，将进入市场融资的企业行为分为三种，即抵补性、投机性和高风险企业，相应的融资行为也有三种，即谨慎融资、冒险融资和“庞氏”融资。正是由于经济生活中这种融资行为和债务结构的大量存在，才使得金融体系具有极大的不稳定性。当市场利率的上升导致那些冒险投资者的财务状况恶化，财务赤字出现并不断扩大时，信贷违约现象就会逐步增多，单个金融机构破产会像传染病一样迅速传播，导致金融危机爆发。

金融危机的爆发具有循环往复的特点。明斯基在解释这种周期现象时，给出了三点解释：一是代际遗忘，二是竞争压力，三是市场主体的非理性。也正是由于这些方面的因素存在，金融危机与经济危机都具有一定周期性。

根据上述分析，可以把泡沫扩张到金融危机的过程概括为“出现异常变化→资金过剩→过度发放贷款→资产交易过度和资产价格暴涨→利率上升、收回资金和贷款→资产价格暴跌→金融危机”。通过回顾美国20世纪30年代的大萧条、20世纪90年代日本资产价格泡沫破灭以及1997年东亚金融危机，都可以发现上述危机基本上是按照明斯基模型描述的过程演进和发展的。2008年的美国金融危机也不例外。

（三）如何用明斯基模型解释美国金融危机

此次美国金融危机有一个重要特点，就是投资银行受到的冲击最大，影响也最严重。次贷危机是从美国第五大投资银行贝尔斯登旗下的两个对冲基金倒闭开始，而危机的全面爆发则是由美国第四大投资银行雷曼兄弟的破产引发。由于金融创新和资产证券化，房地产泡沫的风险从商业银行转移到了投资银行。本次危机实质上仍是资产价格泡沫破灭导致金融机构资产负债表恶化引发的信用危机，因此具有传统银行危机的特点。

鉴于明斯基模型对于信用危机有较好的解释力，可以用该模型系统地阐述此次危机的背景、产生及演进。通过回顾过去一段时期美国经济的发展历程，可以清晰地看出，美国同样走过了“出现异常变化→资金过剩→过度发放贷款→资产交易过度和资产价格暴涨→利率上升、收回资金和贷款→资产价格暴跌→金融危机”这样一个过程。首先，正向冲击导致房地产泡沫。这些正向冲击包括美国经济和世界经济的持续增长，宽松货币政策带来的流动性过剩，金融创新与资产证券化等等。随着赚钱效应的出现，市场参与者的投机行为增加，导致了次贷及其衍生品市场的繁荣。随着信贷的不断扩张，金融的脆弱性也被放大，表现为放贷标准的不断降低和杠杆率的上升等等。同时，由于监管体系的滞后与漏洞，风险控制方法的缺乏，金融体系的风险不断累积。当宏观经济政策开始收缩，房价由升转跌，各参与方或多或少地陷入财务困难。一旦负面的冲击接连发生，投资者便迅速丧失信心，市场预期急转而下，危机随即爆发。

二、美国资产泡沫是怎样形成的

美国金融危机是一个典型的资产价格泡沫破灭后引发的信用危机，而这个泡沫的来源是房地产市场。从 1997 ~ 2006 年期间，美国的实际房价上涨了 80% 左右。上涨的速度和幅度远远超过历史上任何一个时期，和各种指标相比，都说明这是一个泡沫。

（一）为什么说过去30年泡沫一直伴随着美国经济

如果回顾过去30年的历史，就可以发现泡沫实际上一直伴随着美国经济。20世纪80年代是垃圾债券、杠杆收购以及商业地产的投机热潮，90年代是互联网股票泡沫，21世纪以来则是房地产泡沫。随着泡沫的起伏，美国也经历了数次局部性的危机。1987年股灾，80年代至90年代的储贷协会危机；1998年长期资本管理公司倒闭危机等。这些泡沫和危机是一脉相承的，正是因为之前调整得不充分，才使得泡沫越吹越大，最终形成了一个超级泡沫。

资产价格泡沫通常出现在经济繁荣和扩张期。从1982年起，美国经济进入了一个长期的繁荣与扩张期。虽然增长的绝对速度比不上20世纪50和60年代，但这段时期出现了两个特点，一是高增长和低通胀并存，二是经济波动幅度大大收窄，1982～2007年25年中，仅出现两次衰退，而且衰退程度都很轻。西方学者将这段时期称为“大平稳”时期（The Great Moderation）。

与此同时，美国国内的管制放松、经济全球化的大发展、冷战结束带来的“和平红利”、信息技术产业的兴起等一系列重要事件和变化的发生，为美国的某些行业和整体经济带来了良好的发展前景。美国成为同一时期发达国家中经济表现最好的国家之一，也是世界经济增长的主要动力。在这样的背景下，投资者和消费者很容易产生持续的乐观情绪，风险偏好易于上升，各类资产价格不断上涨。

（二）美联储的政策错在哪里

很多人把美国金融危机归咎于美联储错误的货币政策，认为是超低利率刺激了房地产泡沫和金融投机。但如果回顾美国过去20多年的货币政策就可以发现，美联储在面对历次危机和衰退时都曾经实行非常宽松的货币政策。在这次危机之后，美联储更是采取了量化宽松和零利率的货币政策。可见，美联储的政策是一贯的。

20世纪80年代初，美联储使用极度紧缩的货币政策，成功地消除了70年代的“滞胀”问题。通货膨胀率和通胀预期的持续走低，为美联储实行宽松的货币政策创造了先决条件。美联储的近两任主席格林斯潘和伯南克，都是坚定的货币主义者。根据货币主义理论，美国大萧条是由于美联储采取了不适当的货币紧缩政策造成的，其政策含义是，只要货币当局注入足够的流动性，就能避免危机的发生。

格林斯潘刚上台，美国就出现了1987年的股灾，股票跌幅超过引发大萧条的1929年10月的“黑色星期四”。通过向金融市场注入大量流动性，股灾没有演变成金融危机。之后，每一次美国的金融体系和实体经济受到考验时，美联储都会实施宽松的货币政策，如1997年亚洲金融危机，1998年长期资本管理公司倒闭等等。2001年为了应对互联网泡沫破灭以及“9·11”恐怖袭击的冲击，美联储大幅度降息，在2003年将联邦基金利率降低到1%的低水平并维持一年之久。

利率是信贷的成本。在经济处于长期扩张且资产价格趋势向上的时候，信贷成本的降低必然会刺激信贷的需求，推升资产泡沫。格林斯潘认为政府并不比市场聪明，因此从不把资产价格作为调控目标，而是只盯通货膨胀率。但一旦资产价格出现下降，因为担心会波及实体经济和引发金融危机，往往会迅速降息和采取其他刺激措施。这样就在金融市场形成了强烈的“道德风险”。市场人士相信美联储遇到危机时一定会出手救市，从而大胆的推动资产价格和金融衍生产品规模的不断膨胀。

（三）全球失衡是造成金融危机的原因吗

但也有很多美国人并不认为美联储应该为低利率和资产价格泡沫负责。他们认为是全球失衡问题导致了美国的金融危机。其基本逻辑是：中国等经常项目顺差国储蓄太多，不断积累美元资产，导致美国利率过低，催生了房地产泡沫，引发了金融危机。其政策含义就是要实现全球经济再平衡，顺差国应该增加消费、降低储蓄，逆差国应该增加储蓄、减少消费。

这种逻辑有很大的漏洞。首先，由于美元是国际储备货币，美国在制订自己的经济政策时，不需要考虑国际影响和约束条件。如果认为国际资金流入太多，利率太低，美国完全可以主动采取应对措施。其次，全球失衡与房地产泡沫以及金融危机之间没有必然联系。在前一阶段，很多国家都出现了房地产泡沫，其中既有经常项目逆差国，也有顺差国。如果说顺差国的过剩储蓄流入了逆差国导致了泡沫，那么为什么很多顺差国也有房地产泡沫呢？或许有某种共同原因导致泡沫在多个国家出现，但这个原因绝不是全球失衡。关于全球失衡导致此次危机的逻辑还隐含一个假设，即低利率会导致资产泡沫。那么日本已经长时间实施零利率政策，为什么资产价格特别是房地产价格多年持续下跌呢？为了应对此次金融危机，美联储也实施了史无前例的零利率政策，这次很少有人认为这样做不对，也很少有人认为会引发新一轮房地产泡沫。

全球失衡之所以能够长期存在，一方面是经济全球化背景下国际产业分工深化的结果，具有一定的合理性。但另一方面，这种失衡也不是没有限度的。近年来全球失衡的不断加剧，则是与当前国际货币体系的制度性缺陷密切相关。

（四）美元的国际储备货币地位对资产泡沫起到了什么作用

布雷顿森林体系结束之后，金融市场经历了一段动荡时期，逐步形成了以美元为中心的多元储备以及以浮动汇率制为主的国际货币体系。美元仍然保持着在国际货币体系中的核心地位，是国际经济中最主要的初级产品定价货币、贸易结算货币和储备货币。由于这实际上是一种“信用”本位的货币体系，作为本位货币的美元，其发行几乎没有限制。美国在制订国内经济政策时，也从不考虑对国际货币体系和国际经济的影响。

过去30年国际金融市场经常大幅波动，各种金融危机频频在发展中国家爆发，而且都是以货币危机和外债危机为主。一方面，这一结果造成了一种假象，即发达国家的金融体系是完善的，风险是最小的。特别是美国可以不受外部条件的约束，采取扩张性的经济政策应对每一次经济衰退和金融动荡，因此对美国投资是安全和有保障的。另一方面，部分发展中国家认为，只有大量的积累外汇储备和保持经常项目顺差，才能抵御金融风险。这就形成了对美元资产的刚性需求。

美元作为主要的储备货币，充分地享受了当前国际货币体系的好处，如向全世界征收铸币税，利用汇率贬值来化解外债，以及不受约束地采取扩张性宏观经济政策等等。特别是其他国家对美元资产的刚性需求使得美国可以不断吸收全世界的资金，以较低的资金成本维持经济增长。问题是美国滥用了这一独有的优势，把不断流入的国外资本用在消费和金融投机上，进一步助推了泡沫的放大。

（五）美国负债消费的增长模式与泡沫经济之间是什么关系

美国非金融部门债务余额占 GDP 的比重从 1980 年的 142% 上升到 2008 年的 233%，而之前的 30 年仅上升了 5 个百分点。负债的增长主要出现在居民和政府部门。过去 30 年，居民消费成为美国经济增长的主要动力。美国消费占 GDP 的比重曾长期稳定在 61% ~63% 之间，但从 1980 年开始，该比重一路上升到 2007 年的近 70%，而投资占 GDP 的比重总体上是下降的。一个只消费的经济是没有资本积累的，也就没有技术进步和劳动生产率的提高。美国负债率不断上升，却没有把钱用在扩大长期经济增长的潜力上，而是用在满足短期消费需求上。这样的增长模式是不可持续的。

美国经济的泡沫化与虚拟化，也是支撑负债消费增长模式的重要手段，特别是 20 世纪 90 年代的股票泡沫和 21 世纪以来的房地产泡沫。例如，由于房价的上涨带来了巨大的财富效应刺激了居民消费，使得 2001 年的衰退成为美国有史以来最轻微的经济衰退。但是，这种消费支出的增加，几乎完全是靠增加房地产按揭贷款来获得的。结果是增加了消费者的负债率，降低了贷款的安全边界。这样的增长方式有赖于资产价格泡沫的持续放大。一旦泡沫破裂、房价下跌，房子可能变为“负资产”，消费者财富化为乌有，而金融机构也将面临贷款损失。整个经济和金融体系的风险也因此增加。

三、金融风险是如何积累的

危机爆发之前，许多国家都出现了房地产泡沫，而且房价涨幅比美国大很多。那么为什么危机会在美国爆发呢？原因就在于过度的金融创新和缺失的金融监管，使得美国金融体系的风险和脆弱性大大上升，导致有限的房价下跌就能引发一场巨大的金融危机。

（一）过度金融创新带来什么样的后果

20 世纪 70 年代，面对“滞胀”带来的挑战，新自由主义思潮在西方国家兴起，管制放松和经济全球化成为大势所趋。宽松的政策环境，新的市场机遇，以及对利润无止境的追逐，使得美国金融业的创新活动出现了快速地发展。从具体内容来看，过去 30 年来美国的金融创新主要可以分成业务创新、技术创新和组织创新三个层面。具体表现为信贷资产的证券化及相关金融衍生产品业务的发展、资产定价的数学化以及金融机构创造和发展的新的组织形式。

金融创新的好处是非常明显的，如增加流动性，分散风险，降低交易成本等等。但过度的金融创新却有可能带来一系列不利的后果。首先，金融体系的复杂性显著上升。金融机构利用数量工具任意构建复杂的金融衍生产品，使得投资者和监管部门都搞不明白。投资者搞不明白就容易产生欺诈行为，监管部门搞不明白就只好相信金融机构的模型是合理的，索性放弃监管。

金融衍生产品的泛滥也导致交易关系的复杂性显著上升，最后形成一个超级复杂而又混乱的交易网络。如果有一家金融机构出问题，很可能会引发连锁反应，导致整个系统的崩溃。过去，美国政府的救市原则是“太大而不能倒闭”（too big to fail），即必须挽救资产规模大到足以影响到金融体系稳定的金融机构。现在则变成“太复杂而不能倒闭”(too complex to fail)。

其次，杠杆率提高使得金融体系的脆弱性上升。很多所谓的金融创新，如次级贷款业务，实质上就是降低信贷门槛。通过如资产证券化、降低信贷门槛等手段，金融机构不断扩大信用，而且还广泛使用金融衍生品等杠杆工具，使得自身乃至整个金融体系的杠杆率不断提高。例如，拥有美国住宅抵押贷款总余额一半左右的政府支持机构房利美（Fannie Mac）和房地美（Freddie Mac）的核心资本不到800亿美元，却拥有和担保了超过5万亿美元的住房抵押债券，杠杆率达到60倍。杠杆率越高，资产价格的轻微下跌就会使金融机构陷入资不抵债的境地。

最后，数学化条件下产生的各种资产定价模型是建立在错误的假设基础之上的。特别是这些模型都是用过去的数据来预测未来，在这些数据上建立的模型不可能完全捕捉到未来走势，很容易低估极端事件发生的可能性。比如说，美国历史上只出现过地区性的房地产泡沫，从来没有出现过全国性的房地产泡沫。因此，金融机构认为把不同地区的房地产贷款组合在一起构建的资产抵押债券是安全的。由于定价错误，风险被显著低估，又进一步刺激了相关金融衍生品的泛滥。而这一次美国就是出现了全国性房地产泡沫，泡沫破灭之后就导致了相关金融衍生产品市场的崩溃和巨额的坏账损失。

（二）委托代理问题恶化体现在哪些方面

由于金融业是一个高度专业化的领域，委托代理关系广泛存在于金融市场之中。随着管制放松和金融创新，信息不对称问题愈发严重，导致委托代理问题日益恶化。例如，资产证券化的作用本来是分散和对冲风险，但由于债券的最终购买者与原始借款者之间的分离，对贷款质量的监督几乎是不可能的。整个信贷链条的分解和拉长，使利益冲突和信息不对称被成倍地放大。结果是金融机构的个体风险确实是降低了，而整个金融市场的风险却上升了。

本来，在资产证券化这个链条当中，信用评级机构通过提供专业和客观的评估，使投资者能够辨别资产的质量和风险，是可以有效解决信息不对称问题的。但由于激励机制的扭曲，评级机构实际上起到了相反的作用。他们严重低估了相关债券和衍生产品的风险，使投资者买入了过多的相关产品，增加了整个金融体系的风险。

此外，在金融机构内部，由于激励机制过于短期化且风险和收入严重不对称，再加上企业治理的缺陷，使得管理层追求短期高收益、高风险的经营策略，而不考虑给公司和股东所带来的长期风险。金融机构不断地提升杠杆率，成为资产价格泡沫和金融风险上升的推手。委托代理问题恶化的后果就是，金融创新一定会过度，风险一定会被持续放大，直到危机爆发为止。

（三）为什么说政府应该为金融危机承担主要责任

由于信息不对称问题的存在，为了保护投资者利益和维护金融系统的稳定，金融业在任何国家都是监管最多的行业之一。过去30年，随着金融创新的过度发展和委托代理问题的日益恶化，金融系统内部的风险在不断地积累。但在自由放任的经济思想占主导地位的美国，市场的力量被神化，管制不断被放松，政府根本没有加强金融监管的主观意愿。对于金融创新只看到其积极的一面，即使看到风险，也认为企业、居民和金融机构会把自己的事情管好，不需要政府来操心。其最突出的问题是没能有效监管爆炸式增长的金融衍生产品以及资产规模远超传统商业银行的“影子银行体系”，致使问题愈演愈烈。

尽管危机是由一系列因素共同作用形成的，但政府应承担主要责任。首先，前面已经分析过，货币当局在泡沫形成的过程中有不可推卸的责任。其次，管制放松和金融创新本身没有错，但管制放松不表示不监管，金融创新出现了新的业务和组织形式，金融监管却没有跟着作相应调整。第三，逐利是企业的天性，金融机构为了自身或者个人的利益，想方设法突破监管，或利用信息不对称损害股东、投资者的利益，这是完全可以预期的。企业作为个体只需要对自身负责，但由于一些大型金融机构的行为可能会产生系统性影响，监管当局维护整个金融体系稳定是义不容辞的。最后，在过去30年中，美国已经经历了多次资产泡沫或是局部性金融危机，很多问题已经暴露过。特别是在多次挽救金融机构之后，形成了强烈的道德风险，但是监管当局没有采取针对性和有效的措施。在这样的环境下，危机爆发是不可避免的。

四、美国金融危机是如何爆发和演进的

由于经济增长强劲，通货膨胀抬头，美联储从2004年6月起进入加息周期，经过17次加息，联邦基金利率在2006年6月达到5.25%的高点。同期房贷利率也随之走高。在利率不断上升的压力下，住宅抵押贷款的增长从2005年开始减速，而且幅度不断加大。随之而来的就是房地产销售业绩的下滑和存货出清时间的大幅攀升。受上述因素的影响，美国的房价上涨势头从2005年底明显趋缓，并从2006年7月开始见顶回落，房地产泡沫破裂了。

（一）次贷危机是如何爆发的

房价下跌首先冲击了房地产贷款中的次级贷款业务（Sub - prime loan）。次级贷款主要贷给信用分数低于620分、收入证明缺失、负债较重的人。该业务在2001年后飞速增长，到2006年底占全部房贷总余额的比重已接近15%。房价下跌之后，次级贷款违约率显著上升。银行因此纷纷收紧住宅抵押贷款的标准，这进一步打击了房地产贷款业务，推动房价下跌。

在次贷的风险暴露之后，信用评级机构大幅下调了次级债的信用评级，次级债的价格开始一路狂跌。次贷业务的恶化，导致部分房贷发放

机构破产或陷入财务危机。2007 年 7 月，美国第五大投资银行贝尔斯登旗下的两支对冲基金，因投资次级债发生巨额亏损申请破产。这标志着美国次贷危机的开始。

次贷危机爆发之后，金融市场出现信任危机，银行不愿同业拆借，导致借贷成本迅速上升，流动性危机开始显现。美联储采取了减息和向金融体系注入流动性的措施，并且组织和担保了摩根大通收购陷入财务困境的贝尔斯登。市场一度认为最坏的情况已经过去。

（二）为什么雷曼兄弟倒闭引发了全面金融危机

然而，房地产价格继续下跌，贷款违约率持续上升，金融机构损失不断扩大。2008 年 9 月 7 日，房利美和房地美财务状况持续恶化，被美国政府紧急接管。9 月 15 日，美国第四大投资银行雷曼兄弟申请破产保护，成为美国有史以来最大的企业破产案。第三大投资银行美林被美国银行收购。9 月 16 日，全球最大的保险公司——美国国际集团（AIG）因信用违约调期（CDS）业务出现巨额亏损而濒临破产，在接受美国政府 850 亿美元紧急救助后被接管。摩根斯坦利和高盛公司转化为商业银行，独立的投资银行不复存在。

雷曼的破产和 AIG 公司被国有化是一个转折点，标志着次贷危机引发的金融危机全面爆发。在此之前，市场始终认为次贷问题规模有限、风险可控。而由于雷曼兄弟公司在金融衍生品市场居于领先地位，AIG 是全球最大的保险公司，这两个巨头的倒下，彻底动摇了市场对整个美国金融体系的信心，恐慌情绪因此而达到了极点，市场再度出现流动性危机。

由于持有部分雷曼公司的债券，雷曼的倒闭使得美国最大的货币市场基金之一 Reserve Primary Fund 的净值有史以来第一次跌破 1 美元的面值，引发大量资金流出被认为是最安全和流动性最好的货币市场。9 月 18 日上午，不到两个小时的时间就有 5500 亿美元流出，美国政府紧急注入了 1050 亿美元也没有挡住赎回潮。美国财政部立即决定暂停货币市场的运行，同时宣布为每个账户提供25万美元的存款担保，恐慌被止住了。事后有人分析，如果不采取上述措施，很可能演变成“电子挤兑”，美国金融体系当天下午就会完全崩溃，接着第二天全球金融市场也会崩溃①。

危机同样蔓延到了其他金融市场。雷曼倒闭后，美国股票大幅下跌，最高时一周下跌了19%，创美国股市单周跌幅纪录。其他国家股市和大宗商品市场也无一例外出现了暴跌。流动性枯竭使得金融体系停摆，严重损害了实体经济，发达国家在2008年四季度都陷入了深度衰退，并影响到了新兴市场国家。全球贸易和投资也因此大幅萎缩。

（三）史无前例的救市措施使危机见底

前面已经分析过，由于助推了资产泡沫的放大以及没有尽到监管责任，美国政府应该为这次危机负主要责任。在次贷危机爆发之后，美国政府依然后知后觉，没有意识到危机的严重性，应对措施总是滞后，而且力度也不够。当问题愈演愈烈之后，美国政府开始挽救大型金融机构，但受政治压力和意识形态的左右，却又允许雷曼公司破产，使之成为金融危机爆发的导火索。之后虽然提出了7000亿美元的救市计划，第一次又被国会否决，错过了遏制危机的最佳时机。

随着金融恐慌的不断加深，美国政府终于意识到，为了挽救金融体系和实体经济必须以史无前例的决心和方式采取行动。如将联邦基金利率降到有史以来最低的0.25%，不惜代价挽救所有大型金融机构，动用各种政策工具维护金融体系的正常运转。在2008年11月美国花旗集团得到政府救助之后，大型金融机构倒闭潮告一段落，市场流动性逐步改善，恐慌情绪有所缓解。但由于实体经济继续下滑，市场仍担心美国会陷入历史上第二次大萧条。

有鉴于此，美国奥巴马政府上任伊始就出台了大规模的刺激经济计

① 引自 http：//dailyreckoning. com/september－18－2008－edge－of－collapse/

划，但金融市场对其有效性仍持怀疑态度。紧接着，2009 年 3 月，美联储宣布将在未来 6 个月收购总额达 3000 亿美元的长期国债，时隔 40 年后重新动用量化宽松货币政策以对抗通缩。为了支持住宅市场，又宣布将再购买“两房”担保的房产抵押债券 7500 亿美元，追加购买两房债券 1000 亿美元。市场这才相信政府会不惜一切代价稳定金融市场和实体经济，信心开始恢复，股市触底反弹。随后，美国房地产市场也见底回升。金融市场流动性进一步恢复，多项指标回到 2008 年 9 月雷曼公司倒闭前的水平。实体经济也在 2009 年三季度出现了正增长，标志着美国经济已经开始复苏，美国金融危机终于见底。

五、金融危机对世界经济格局产生了哪些影响

在政府采取了一系列大规模的救市行动之后，美国金融危机逐步见底，经济也开始复苏。但随着欧洲国家主权债务问题的逐步暴露，国际金融市场再度大幅波动。说明危机还远远没有结束。不管这场危机最后如何演变，世界经济的发展格局都将出现重大变化。正确认识此次金融危机的性质、发展态势及其对世界经济的影响，对于我国应对危机带来的挑战以及在塑造未来世界经济新秩序的过程中占得先机具有重要意义。

（一）为什么说这是一次“史无前例”的金融危机

首先，这次危机影响的范围极其广泛。危机跨越了绝大多数国家，覆盖了所有的金融市场和金融机构。其次，这次危机的恐慌程度非常罕见。由于投资者抢购国债，美国三个月期国债收益率一度为负，充分说明市场已经恐慌到了极点。第三，政府的救市行动不论是速度、力度和广度都是前所未有的。1907 年银行危机时美国没有中央银行（最后贷款人），1929 ~ 1933 年金融危机时美国没有存款保险制度、没有证券监

管部门，政府不懂宏观调控。现在这些问题都不存在，但危机依然爆发，政府也不得不以前所未有的力度救市。

直到美联储宣布采取“量化宽松”政策，危机才真正见底。这个见底，指的是美国银行危机的见底。由于大量私人部门的债务转化为公共债务，再加上严重的经济衰退使税收收入大幅减少，各国政府财政状况显著恶化，主权债务风险逐渐暴露出来。危机进入了一个新的阶段，即主权债务危机阶段。

债务危机是金融危机的一种普遍形式，多数都以债务违约和重组告终。但是，绝大多数主权债务危机都出现在发展中国家，二战结束以后还从来没有发达国家出现过主权债务危机和违约。这是因为发展中国家的货币不是国际流通货币，其外债是以外币发行，一旦经济和国际收支状况恶化，将因无力偿还外债而陷入危机。而发达国家的货币都是国际流通货币，其债务也多以本币发行，因此理论上只要开动印钞机就可以偿还全部债务。

但欧元区的建立使其成员国丧失了独立的货币发行权。一旦经济衰退使财政状况显著恶化，成员国既不能通过实行扩张性货币政策和汇率贬值来刺激经济，也无法通过赤字货币化的手段化解债务，因此主权债务违约的风险迸发出来。

从金融危机的历史可以看出，主权债务危机往往都伴随着货币危机。当债务危机爆发后，由于投资者信心丧失，大量资金出逃，导致汇率大幅贬值，实行固定汇率制的国家也往往不得不放弃这一制度，形成货币危机。这次危机充分暴露出欧盟决策效率的低下、政治和经济的不统一以及货币同盟的制度性缺陷。正因为如此，投资者才对欧盟解决主权债务问题缺乏信心，而投机者也持续沽空高债务国家的国债和欧元，赌欧元区将因主权债务问题最终解体。

从美国的银行危机，转化为欧洲国家的主权债务危机，甚至发展成发达国家的货币危机，从这个角度来说，此次危机确实是“史无前例”了。

（二）金融危机如何改变世界经济格局

2008 年爆发的国际金融危机在很大程度上改变了前一阶段世界经济的基本态势，对未来世界经济发展将产生深远的影响。

首先，世界经济版图将被改写。此次危机爆发于发达国家，其金融体系出现了严重的问题。未来发达国家即使能够走出衰退，经济增长可能也会保持在一个比较低的水平上。而对于多数发展中国家而言，此次危机尽管影响很大，仍然是一次传统意义上的周期性衰退。从长期发展潜力来看，发展中国家工业化和城市化方兴未艾，劳动力数量和素质不断提升，如果能继续推进市场化改革，经济增长的长期前景依然看好。特别是那些国内经济规模较大、财政和金融状况稳健、外汇储备充实的国家，有能力维持经济的长期增长。这些国家在世界经济的影响力将越来越大，并成为带动其他发展中国家增长的核心力量。

其次，全球化进程不会倒退。在前一阶段，以国际贸易和国际直接投资的快速发展为标志的经济全球化是推动世界经济增长的重要因素。但在经济处于衰退和不景气的时候，贸易保护主义、孤立主义特别容易滋生。从目前的发展态势来看，全球化进程倒退的可能性不大。最可能出现的结果就是贸易自由化维持现状，国际直接投资自由化取得一定进展，金融全球化进程放缓。

第三，国际货币金融体系改革短期内难以实现。多年来，要求改革现有国际货币金融体系的呼声很高，但以美英为首的发达国家对此置若罔闻。由于国际货币金融体系改革牵涉到诸如货币发行和金融监管等根本性国家利益和权力，未来有关争论将会非常激烈，达成一致殊为不易。因此，在未来数年内国际货币金融体系维持现状的可能性很大，国际金融市场将继续动荡。

第四，可持续发展的重要性会有所降低。可持续发展问题提出的背景是经济增长与资源环境约束的矛盾。往往是经济增长越快、资源环境压力越大的时候，可持续发展问题就越受关注。如果世界经济长时间内低速增长，可持续发展议题的重要性会有所降低。但是，对于那些经济将继续高速增长的国家和地区而言，资源和环境的约束仍将存在。

（三）金融危机给中国带来什么样的机遇和挑战

在史无前例的国际金融危机的影响下，国际经济环境发生了重大变化，原来对世界经济发展所作的预测以及中国应采取的对策都必须调整，需要重新审视未来我国发展所面对的挑战和机遇。

首先，世界经济减速将给我国发展带来一定挑战。我国参与国际分工程度较高，受国际经济波动影响较大。如果世界经济持续低速增长，可能会影响我国经济特别是对外经济的增长速度。但如果其他国家经济放缓幅度更大，中国在世界经济中的份额可能会上升得更快。

其次，全球化进程的变化也会给我国带来新的机遇和挑战。在全球贸易自由化难以取得进展和发达国家经济长期低迷的情况下，我国出口份额如果继续提升，可能会引起相关国家的反弹。而为了吸引资金和刺激投资，世界各国对待外国直接投资政策可能会有所放宽。我国外汇储备丰厚，这时候“走出去”能够以非常低廉的价格买到优质资产。可以说，金融危机给中国企业“走出去”带来了机遇。

再次，重建国际货币金融体系带来的挑战。由于我国金融业发展水平比较低，人民币也不是自由可兑换货币，我国在国际货币金融体系中没有太大的发言权。尽管各国都有改革现有体系的愿望，但具体怎么改却难以形成共识。重建国际货币金融体系将是一个漫长的过程。在向新的体系的过渡期内，国际金融市场将继续动荡，这对我国的发展十分不利。能否把国际货币金融体系重建带来的挑战转化为机遇，在很大程度上将取决于人民币国际化的进程。

最后，资源与环境制约因素对我国经济发展带来的影响。如果世界经济在未来一段时期内低速增长，那么环境资源的压力将会有所减少，获取经济发展所需要的能源和资源的成本比以前更低，为我国工业化、城市化进程争取了更有利的条件。但能源和资源产品价格过低，不利于节能减排和转变发展方式。而如果中国经济继续保持较快增长，尽管在全球范围内资源环境的压力会有所降低，但有限的国际压力可能会更加聚焦于中国。

非常时期必须采取非常手段，才能有效应对国际经济形势急剧变化带来的机遇与挑战。我们建议，应加快关键性体制改革，为中国经济的长期增长提供制度性保障；正确处理外需与内需的关系，确立以内需为主、积极利用外需的基本原则，充分利用全球资源，促进我国经济发展方式的转变；采取积极措施，鼓励企业"走出去"；积极参与世界经济新秩序的重建，坚决维护多边贸易体制，加快实施自由贸易区战略，加强开展与发展中国家的经济关系，主动参与国际货币金融体系改革，并提出自己的方案。

六、美国金融危机对中国有什么样的启示

美国金融危机是20世纪30年代大萧条以来最严重的金融危机，不仅给实体经济带来了巨大冲击，也动摇了西方国家长期奉行的经济政策理念。为了避免危机重演，美国等西方国家已经提出了一系列金融改革措施。这些都对我国金融业的发展有很好的借鉴意义。但由于两国的国情不同，我们需要根据中国的实际情况，有的放矢地从美国金融危机中吸取经验和教训。

（一）中国为什么要继续坚持金融业的改革开放

由于处于不同的发展阶段，中美两国金融业面临的问题是不一样的。美国有着全世界最发达的金融市场，而中国的金融业改革开放时间较短，水平仍比较落后。比如说，这次危机暴露出美国金融创新过度的问题，而我国面临的问题可能是金融创新的不足。但是，我们仍然有可能出现周期性的资产价格泡沫，并引发金融市场的动荡。

这次危机我们的金融机构没出大的问题，很大程度上是得益于国有

商业银行改革的成功。1997 年的亚洲金融危机使我们意识到化解金融风险、推进金融改革、保证银行业健康发展在整个经济发展中的重要作用。所以中央决定对国有商业银行进行改革，改善了商业银行的公司治理，大大提升了银行业的竞争力和风险控制能力。此外，我国资本项目没有完全开放，也阻隔了国际金融危机的传染效应。过去 30 年发展中国家的经验表明，金融业开放的次序不当或是开放度掌握不好，很容易引发金融危机。而我国在金融业对外开放的过程中，始终都强调对外开放中的风险控制，坚持以我为主的主动开放战略，很好地控制了开放进度和节奏。

理论和实践都证明，金融业的发展可以提高资金分配效率、降低信息和交易成本、分散资金风险，对经济增长有积极的贡献。在当前世界经济格局发生重大变化、资源环境压力日益紧迫的情况下，中国要保持经济持续高速的增长，实现和平崛起，没有一个高效、发达的金融体系是不可想象的。因此，我们应继续坚定不移地推进中国金融业的改革与开放。

（二）是否应该将资产价格纳入政策调控目标

随着金融市场的发展和金融深化，全世界范围内都出现了大量流动性涌入资本市场导致资产价格上涨而物价上涨相对滞后的现象。由于央行观察不到通货膨胀，因此可以维持低利率不变，又进一步刺激了资产价格的上扬。过去 30 年中，在宽松的宏观政策和金融管制不断放松的背景下，美国曾屡次出现各类资产价格泡沫。美联储的错误就在于从来没有把资产价格纳入货币政策调控目标。

从世界历史上几次主要的金融危机看，如果坐视资产价格泡沫形成，一旦泡沫破裂，将严重损害金融机构、企业和居民的资产负债表，引发金融危机和经济衰退。近年来，在资金充裕、利率较低的环境下，我国证券市场和房地产价格上涨很快，股票市值和房地产价值占 GDP 的比重明显上升，成为我国居民和企业财富的重要组成部分。资产价格的剧烈波动势必导致消费和投资的波动，进而影响货币政策保持价格稳定和国民经济平稳增长的政策目标。因此，有必要将资产价格纳入宏观政策调控目标。

资产泡沫和金融危机的频频爆发也充分说明，金融市场未必总是有效的，投资者也不都是理性的。从这个角度来说，我国政府一直对资产价格泡沫比较警惕。特别是股票市场从建立以来，有关部门一直对股票价格采取多种形式进行调控。由于我国的资本市场还很不成熟，监管的能力和手段也比较落后，政府从宏观层面进行适当的调控是完全必要的。

房地产市场杠杆率要远远高于股票市场，因此房地产泡沫破灭的破坏性要大得多。近一段时期，我国部分城市房地产价格上涨较快，明显出现了泡沫迹象。由于房地产业对经济增长的贡献较大，各级政府实际上是希望房价不断上涨的。但其他国家的经验表明，没有只升不降的房价，房地产泡沫一旦破裂，往往会引发严重的金融危机。趁现在我国的金融体系还相对稳健，有关部门必须选择合适的政策工具和时机，对房地产价格进行调控。从长期来看，宏观管理部门需要将资产价格的调控系统化和机制化，正如对通胀的管理一样。

（三）制定什么样的逆周期的政策工具

按照明斯基的理论，信贷供应的顺周期性是导致资产价格泡沫和金融危机屡屡发生的根本原因。因此，该理论的政策含义是非常清晰的，即监管当局应该逆周期而行，在经济好、银行体系资产状况良好时要收紧信贷，在经济不好、银行体系资产质量差的时候应放松信贷。在实践中，这样做并不容易。在经济繁荣期，所有人都乐观，包括政府在内。资产价格不断上涨，使得金融体系的资产负债表很好看，资本充足率要求可以轻易达到，监管当局也看不到危险，甚至认为金融机构风险控制做得很好而放松管制。一旦危机发生之后，政府发现金融体系存在很大问题，又开始加强监管和控制。因此，不但金融机构和投资者行为有顺周期性，政府的监管行为同样存在顺周期性。

在我国，由于体制方面的原因，采取逆周期的政策往往更容易且更有效。首先，我国政府高度重视金融稳定，宁可发展速度慢一点，也不希望金融业出大问题。其次，由于我国仍处于转轨时期，政府对金融市场有效性和投资者理性的信任度不像西方国家那么高，因此对金融市场的干预也更频繁。再次，主要的金融机构都是国有企业，企业及其管理层的效用函数不一定是追求利润最大化，政府可以通过行政等非市场化的手段，对企业进行直接干预。在这次金融危机爆发后，人民银行降息的力度与其他国家相比不算大，但我们的信贷扩张规模却是空前的，有力地支持了经济复苏。

但随着金融体制改革的不断深入，最终我们必然要放弃行政干预，改为通过市场化的手段对金融机构和金融市场进行调控。吸收这次金融危机的教训，当前要研究加强对银行金融机构的资本要求，扩大资本覆盖范围，逐步建立逆周期的资本缓冲机制；完善现行的贷款损失准备政策，建立健全与新增贷款超常变化相联系的动态拨备要求；同时加强金融机构的流动性管理，改善金融机构资产负债期限错配；建立和完善我国信用评级监管制度，支持国内评级公司发展。

（四）谁来负责宏观审慎监管

美国金融危机充分暴露出宏观审慎监管在保证整个金融体系稳健运行方面的严重不足。宏观审慎监管是与微观审慎监管相对应的监管手段和方法，主要以防范系统性风险为目标，通过对金融体系宏观的定量和定性分析以及压力测试等手段监测金融体系的脆弱性，识别潜在的系统性风险，并有针对性地对监管准则、标准或指标进行调整，以达到维护金融稳定、确保经济平稳发展的最终目标。同时，美国金融危机的教训表明，需要有一个监管主体明确对金融体系的整体风险负责，并且被赋予有效手段。

近年来，我国金融监管在制度建设、监管方式和监管手段上都有明显改进和加强。随着我国金融业的快速发展和金融创新步伐加快，金融业综合经营稳步推进，交叉性金融产品不断涌现。为防范金融风险，促进金融业健康发展，需要处理好金融监管和金融创新的关系，健全金融监管协调机制建设，加强系统性风险管理，完善我国金融监管体系，切实维护金融体系稳定安全。

防范系统性风险、维护金融稳定，需要相关部门通力合作才能实现，中央银行和金融监管部门在宏观审慎监管中应各自扮演适当的角色。由于人民银行拥有支付、清算、结算和信息的优势和资本，参照中国目前的情况，可以考虑将这一职责赋予人民银行。通过“牵头监管”模式，并与其他监管机构密切合作，解决监管过程中可能存在的“盲区”。

（五）如何完善危机处置的机制和工具

一是应制定系统、有效、具有前瞻性的宏观经济政策。这次金融危机中美国政府在危机初始阶段后知后觉，力度和时机总是滞后，致使问题愈演愈烈。7000亿美元救助计划迟迟不能出台，以致错过最佳救助时机。这表明，对宏观经济的判断和危机的救助措施必须及时。

二是政府对市场的适当干预有助于提振市场信心，防止金融市场过度调整。事实证明，市场化行为具有明显的“羊群”特性，易导致金融市场大幅波动。而且金融市场因其具有的高风险、高杠杆及资金链条脆弱的特性，潜藏着危及宏观金融体系的风险。金融当局责无旁贷地负有适当干预市场、保持金融稳定的责任。

三是应建立并完善存款保险制度，防范金融风险，提振公众信心。此次各国在危机救助中的实践证明，合理有效的存款保险制度有助于减轻监管机构的负担，有利于保护投资者利益，稳定市场信心。我国正处于经济转轨的特殊时期，中央财政资金在国民收入分配中的比重日趋减少，加之金融市场发育尚不完善，金融监管手段还不够先进，在此背景下，建立并完善存款保险制度更是迫在眉睫。

四是应尽快针对有问题的金融机构建立紧急救助机制。应形成一个多元化分工协调的救助体系，综合运用包括市场化救助手段和政府干预在内的各种方式方法应对危机。

五是加强国际合作。随着全球金融体系一体化程度不断提高，金融风险及危机越来越具有高度传染的特性。在此背景下，单一国家救助举措的效力势必大打折扣，国际合作救助的重要性凸显。一国金融当局在维护金融稳定时，不能把目光仅局限于本国，必须寻求在区域乃至全球范围内的合作。

六是将金融稳定作为金融业的进一步对外开放的前提条件。基础不稳的金融体系在对外开放的过程中，可能会因为外界风险的引入，导致本国金融系统震荡加剧。中国的金融体系尚处于发展阶段，面临着各种内外部风险，因此我们应对金融体系稳定高度重视，将此视为金融业进一步对外开放的一个前提条件。

（六）为什么要积极参与国际货币体系改革、推动人民币国际化

此次国际金融危机充分暴露了现有国际货币体系的弊端。布雷顿森林体系崩溃之后，美元在继续保持主要国际储备货币地位的同时，不再需要承担稳定全球货币体系的责任，美国可以无限度地向全球负债和提供流动性。在这样的国际货币体系下，国际收支的调整转而变为美元的周期性贬值、升值循环。这种周期性调整，是导致国际金融市场周期性波动和近年来全球失衡的根本原因。

当前，国际上要求改革和重建国际货币体系的呼声越来越高。我国应以建设性态度积极参与国际货币体系改革讨论，提出有利于维护国家利益的应对策略。一是重点强调加大对主要货币发行国的监督力度。二是支持推进多元国际货币体系建设，提高特别提款权地位，推动其在国际贸易、投资特别是大宗商品计价中的使用。三是增加发展中国家在IMF等多边国际金融机构中的份额和发言权，改善有关机构治理，增加高管人员的代表性。

在上述背景下，如何利用当前形势抓住机遇，进一步扩大和规范人民币在对外经贸往来中的使用、提升人民币的国际地位，具有重要意义。首先，通过分阶段试点逐步推进，可以在数量上对海外人民币进行监控，允许在进出口贸易中接受人民币。其次，货币统计及监管手段应配套跟进。再次，积极考虑各国央行向我国提出的扩大人民币使用的各项需求，鼓励外国商业银行在中资商业银行开立人民币账户，在有额度限制的前提下，选定有条件的国家与我国建立人民币现钞调运机制，为全面扩大人民币的使用创造支付清算与兑换方面的条件。最后，考虑到我国对外援助资金的范围不断扩展、数量不断增加，建议在以上试点的经验基础上，鼓励在我国政府及有关机构向外国提供的贷款、赠款和各种援助中，划出一定的额度用人民币支付，以便形成人民币对外流动的常规渠道。

第二章

研究金融危机的理论框架

金融危机一直是经济文献中传统的研究主题。随着20世纪70年代布雷顿森林体系的崩溃、80年代的拉美债务危机、90年代东南亚金融危机及美国互联网泡沫的崩溃，金融危机频繁发生，关于金融危机的研究也就迅速增多。总结历次金融危机，不难发现，金融危机往往伴随经济周期的繁荣阶段而爆发。因此，研究金融危机，必须考察经济周期的不同阶段，研究经济过热、泡沫经济、市场恐慌、经济崩溃和最后贷款人，分析危机的动态与演化，从而可以更加全面地理解金融危机，得出更为科学的结论。

一、金融危机的概念、形式和特性

（一）金融危机的概念和形式

根据《新帕尔格雷夫经济学大辞典》中的定义，金融危机又称金融风暴，是指一个国家或几个国家与地区的全部或大部分金融指标，如短期利率、货币资产、证券、房地产、土地价格、商业破产数和金融机构倒闭数的急剧、短暂和超周期的恶化。其特征是人们基于经济未来将更加悲观的预期，整个区域内货币币值出现幅度较大的贬值，经济总量与经济规模出现较大的损失，经济增长受到打击。危机往往伴随着企业大量倒闭，失业率提高，社会普遍的经济萧条，甚至有些时候伴随着社会动荡或国家政治层面的动荡。

根据 IMF 在《世界经济展望（1998）》中的分类，金融危机大致可以分为以下四大类：

（1）货币危机（Currency Crises）：当某种货币的汇率受到投机性袭击时，该货币出现持续性贬值，或迫使当局扩大外汇储备，大幅度地提高利率。

（2）银行业危机（Banking Crises）：银行不能如期偿付债务，或迫使政府出面，提供大规模援助，以避免违约现象的发生，一家银行的危机发展到一定程度，可能波及其他银行，从而引起整个银行系统的危机。

（3）外债危机（Foreign Debt Crises）：一国内的支付系统严重混乱，不能按期偿付所欠外债，不管是主权债务还是私人债务。

（4）系统性金融危机（Systematic Financial Crises）：有时也称为“全面金融危机”，是指主要的金融领域都出现严重混乱，如货币危机、银行业危机、外债危机的同时或相继发生。

近年来的金融危机越来越呈现出某种混合形式的危机。

（二）金融危机的特性

从历次重大金融危机的比较看，金融危机的产生具有一定的历史背景、市场制度和金融体系的特性。低效的财政货币政策往往是金融危机爆发的潜在的基本因素，金融自由化和监管制度不到位是金融危机爆发的重要诱因。因而完善金融自由化的监管体系是防范风险的核心要求，完善的金融制度对于政府治理和防范金融危机十分必要。

金融危机往往伴随经济周期的繁荣而爆发，通常被认为是对经济体系里不健全的部分进行的“自残式”的自我矫正，尤其是对市场失灵的“清算”。当危机发生时，全部或者部分金融指标，比如短期利率、资产价格、商业破产数和金融机构倒闭数等都产生了急剧恶化以及金融机构和行业的困顿。IMF对银行业危机、货币危机、债务危机、系统性金融危机爆发的原因进行了研究。

银行如果不能如期偿还债务，可能危及银行的信用，那就可能产生挤兑现象，如果该问题逐步升级和蔓延，可能就会演化为整个银行体系的危机。银行危机爆发的原因有货币政策失误、金融体系内生不稳定性、金融过度扩张的风险累积、金融恐慌和道德风险等原因，这些因素并非单一地起作用而是相互交织。比如，20世纪90年代北欧三国金融危机就是典型的银行危机，危机爆发的原因在于1985年北欧三国取消金融机构贷款限制（包括比例和利息），使得银行间竞争急剧加大，银行过度发放信用，导致风险的逐步累加，金融部门和实体部门都出现了过热问题，最后演化为银行危机。

当一种货币的汇率及其制度无法反映经济基本面而改革又严重滞后时，很容易遭遇国际投机资本的投机，该货币可能出现持续、大幅的贬值，货币当局被迫救援甚至放弃本来的汇率制度，最后造成货币危机。最为典型的货币危机就是东南亚金融危机和1992年的英镑和意大利里拉危机。货币危机的根源有经济内部均衡和外部均衡的冲突、政策的多重目标、道德风险以及资产负债表效应等。

债务危机多发生于发展中国家。由于主权债务和私人债务不能按期偿还所欠外债，一个经济体的国际收支系统出现严重的混乱，国家信用丧失等。债务危机爆发的原因有过度负债、资产价格下降效应、经济周期变化以及大量资本流入等。20世纪80年代初爆发的拉美债务危机是这类危机的典型。

一个经济体内的各个主要金融领域都出现严重的问题，货币汇率紊乱、金融机构破产、实体经济遭殃等相继或者同时发生就意味着系统性金融危机的爆发。到目前为止，大萧条、东南亚金融危机和此次美国金融危机都可以认为是系统性金融危机。这类危机产生的原因可能是多方面的，比如此次美国危机就是对宽松的货币政策、非审慎的住房抵押贷款、过度的金融创新和不到位的金融监管的一次彻底的清算。

实际上，按 IMF 的分类并不能将所有的金融危机简单归纳进来，尤其是金融全球化之后，各种危机爆发的原因日益复杂化和多样化，危机的界限也日益模糊。比如，1997 年东南亚金融危机和本轮金融危机的蔓延，可以归因为金融全球化的影响，而不仅是货币问题和次贷问题。

（三）金融危机中的政府行为

在金融市场和金融体系发生危机时，政府的救助往往是最后的"稳定器"，政府的介入也是最好的选择。如何恢复市场功能、重建资源配置的机制以及稳定宏观经济运行机制，成为政府干预的主要任务。一般而言，政府的作用主要体现在以下几个方面：

（1）政府大量出资或者提供担保，向金融体系大量注资，舒缓流动性不足。如北欧三国的银行危机中，瑞典在 1992 年通过 140 亿美元的重建基金并接管最大银行——Nordbanken 银行，即使在该银行股价回升之后，瑞典政府救援的规模超过 90 亿美元，占其 1993 年 GDP3.6%。尤其是北欧国家放宽金融机构拆借的担保品的范围，是其后金融危机中政府干预行为的重要参照。次贷危机爆发之后，美联储不仅放宽拆借的担保品范围，甚至还放宽拆借的机构范围，比如允许投资银行向美联储贴现等。

（2）政府成立资产管理公司，处理大量的问题资产，将问题资产与金融体系相隔离。在大萧条中，最重要的行动之一是建立了复兴金融公司，通过资产处理和贷款发放推进了投资，尤其是其资金列入预算外，并在资助项目时强调项目的"稳健的"和"可由银行担保的"项目，为大萧条之后美国金融体系的恢复创造了重要的基础。复兴金融公司在 1932 年发放的贷款有 2/3 流向金融机构。

1993 年瑞典也是成立银行协助局和特别资产管理公司，以拯救金融市场。类似地，日本在 1999 年 4 月成立了全国整理回收机构，一方面接管房地产金融公司和破产银行的不良债权，另一方面向其他金融机构收购不良债权。

(3) 政府适时地进行政策放松和经济改革，以恢复市场信心和市场功能。大萧条、日本银行危机和东南亚金融危机等重大危机之后，货币当局都先放松货币政策，并出台重大的经济刺激计划，扩大财政支出，以促进经济复苏。

以大萧条为例，大萧条之后，货币政策放松体现在美元的大幅贬值。罗斯福政府在 1933 年 4 月 18 日有效地进行了美元贬值，直到 7 月份，美元价格相对英镑下跌了 40% 左右。货币贬值不仅具有优化贸易条件的效果，而且解放了国内宏观经济政策，以促进经济扩张。大萧条政策放松更重要的是体现在财政政策方面，罗斯福政府进行三项重要的改革：银行体系的改革、增加政府对生产的管理和建立社会“安全网”。前两项都始于著名的 1933 年“百日新政”。1933 年第 2 季度，罗斯福向国会提交了无数的法案，这些法案点燃了经济复苏，并重塑了美国经济。建立社会“安全网”的工作则在罗斯福的第二个任期开始。“第二次新政”则致力于将经济复苏带来的好处扩大到整个社会大众。

二、有关金融危机理论的文献回顾

20 世纪多次金融危机使社会经济蒙受了巨大损失，相应的研究催生了金融危机理论。关于金融危机的论述早已有之，但对金融危机的系统性理论研究则是近二三十年才出现的。其中，最具影响力的理论有重点分析货币汇率变动的货币危机理论，以及从信贷市场稳定性角度提出的金融不稳定性理论等银行业危机理论。

(一) 货币危机理论

货币危机的理论研究开始于 20 世纪 70 年代后期，主要解释货币汇率大幅波动甚至引发汇率制度更替的原因和机制。有关货币危机的理论也最为成熟，按时间顺序，其发展大体可划分为三个阶段，已经形成了四代危机模型。

1. 第一代货币危机模型

第一代货币危机模型的产生源于墨西哥（1973～1982）和阿根廷（1978～1981）等国家所发生的货币危机，强调外汇市场上的投机冲击与宏观经济基础变量之间的联系。Krugman（1979）在完全预见能力的假设下，认为货币危机的根源在于政府的宏观经济政策与稳定的汇率政策（如固定汇率制）之间的不协调。这种不协调会导致理性的投机冲击的发生。在政府有大量财政赤字的情况下，中央银行必然会增发货币为财政赤字融资。货币供给的增加会引起本外币收益率之间的差异。这样，公众会调整资产结构，增加对外币的购买。由于这种投机冲击，在短期内将该国外汇储备消耗殆尽，政府要么让汇率浮动，要么让本币贬值，最后，固定汇率制度崩溃，货币危机发生。该理论从一国经济的基本面解释了货币危机的根源在于经济内部均衡和外部均衡的冲突，如果一国外汇储备不够充足，财政赤字的持续货币化会导致固定汇率制度的崩溃并最终引发货币危机。当宏观经济状况不断恶化时，危机的发生是合理的而且是不可避免的。它较好地解释了20世纪70～80年代的拉美货币危机，其政策建议是，必须保证政策的一致性，不断强化宏观经济基础变量。

2. 第二代货币危机模型

1992～1993年发生的欧洲货币体系危机中诸多现象无法由第一代货币危机模型给出较好的解释。如1992年英镑危机发生，当时英国不仅拥有大量的外汇储备（德国马克），而且其财政赤字也未出现与其稳定汇率不协调的情况。Obstfeld（1994，1996）等人对于欧洲货币体系危机的研究，形成了第二代货币危机模型。

Obstfeld（1994，1996）强调了危机的自我促成（Self—Fulfilling）机制，关注政府与市场交易主体之间的行为博弈说明了动态博弈下自我实现危机模型的特点，并呈现出“多重均衡”性质。该模型认为：一国政府在制定经济政策时存在多重目标，经济政策的多重目标导致了多重均衡。政府维护汇率稳定是一个政策目标选择的成本收益权衡的过程。维护汇率稳定的收益体现在促进贸易和投资，降低贸易风险，控制国内信用，维护国际形象和承诺等。而严重的财政赤字和宏观经济政策与固定汇率制之间的不协调使得维持固定汇率制度的成本过高。当维持稳定汇率的成本大于稳定汇率的收益时，中央银行就会选择放弃，从而导致货币危机的发生。

以奥伯斯法尔德为代表的学者在强调危机的自我促成时，仍然重视经济基本面的情况，如果一国经济基本面的情况比较好，公众的预期就不会发生大的偏差，就可以避免危机的发生。与此同时，另一些第二代货币危机模型则认为，危机与经济基本面的情况无关，可能完全由投机者的冲击导致。投机者的攻击使市场上的广大投资者的情绪、预期发生了变化，产生“传染效应”（contagion effect）和“羊群效应”（herding behavior），推动着危机的爆发，货币危机之所以发生的原因恰恰是因为它们正要发生。

第二代货币危机理论较好地解释了1992年英镑危机，当时英国政府面临着提高就业与维持稳定汇率的两难选择，结果放弃了有浮动的固定汇率制。

3. 第三代货币危机模型

1997年下半年爆发的亚洲金融危机呈现出许多新的特征，这次危机发生之前，亚洲许多国家都创造了经济发展的神话，而且大多实行了金融自由化。第一、二代模型已经无法较好地解释这场金融危机，更难理解的是，这些国家和地区经济（尤以韩国为例）在危机过后很短时期内就实现了经济复苏，某些方面甚至还好于危机之前。

第三代货币危机模型是由麦金农和克鲁格曼首先提出，该模型强调了第一、二代模型所忽视的一个重要现象：在发展中国家，普遍存在着道德风险问题。普遍的道德风险归因于政府对企业和金融机构的隐性担保，以及政府同这些企业和机构的裙带关系。从而导致了在经济发展过程中的投资膨胀和不谨慎，大量资金流向股票和房地产市场，形成了金融过度（Financial Excess），导致了经济泡沫。当泡沫破裂或行将破裂所致的资金外逃，将引发货币危机。

第三代货币危机理论出现较晚，但研究者们普遍认为脆弱的内部经济结构和亲缘政治是导致这场危机的关键所在。

4. 第四代货币危机理论

第四代货币危机模型是在已有的三代成熟的货币危机模型上建立起来的。该理论认为，如果本国企业部门的外债水平越高，“资产负债表效应”越大，经济出现危机的可能性就越大。其理论逻辑是：企业持有大量外债导致国外的债权人会悲观地看待这个国家的经济，减少对该国企业的贷款，使其本币贬值，企业的财富下降，从而能申请到的贷款下降，全社会投资规模下降，经济陷入萧条。第四代危机模型目前尚不成熟，有待进一步完善。

（二）银行业危机理论

1. 弗里德曼（Friedman）的货币政策失误论

弗里德曼的货币政策失误理论认为，因为货币需求函数的相对稳定性，货币供求失衡的根本原因在于货币政策的失误。并且，这种失误（如突然的通货紧缩）可以使一些轻微的局部的金融问题，通过加剧银行恐慌演变为剧烈的全面的金融动荡。

2. 银行体系关键论

詹姆斯·托宾（Tobin）1981 年提出银行体系关键论，其核心思想是：银行体系在金融危机中起着关键作用。在企业过度负债的经济状态下，经济、金融扩张中积累起来的风险增大并显露出来，银行可能遭受损失，所以银行为了控制风险，必然提高利率减少贷款。银行的这种行为会使企业投资减少，或引起企业破产，从而直接影响经济发展，或者使企业被迫出售资产以清偿债务，造成资产价格急剧下降。这种状况会引起极大的连锁反应，震动也极强烈，使本来已经脆弱的金融体系崩溃更快。托宾认为，在债务—通货紧缩的条件下，债务人财富的边际支出倾向往往高于负债人，因为在通货紧缩—货币升值的状况下，债务人不仅出售的资产贬值，而且拥有的资产也贬值。在债务人预期物价继续走低的情况下，变卖资产还债的倾向必然提前。

3. “金融恐慌”理论

戴尔蒙德和荻伯威格（Diamond and Dybvig）认为银行体系脆弱性主要源于存款者对流动性要求的不确定性以及银行的资产较之负债缺乏流动性之间的矛盾。他们在1983年提出了银行挤兑理论（又称D—D模型）。其基本思想是：银行的重要功能是将存款人的不具流动性的资产转化为流动性的资产，以短贷长。实现资产增值，在正常情况下，依据大数定理，所有存款者不会在同一时间取款。但当经济中发生某些突发事件（如银行破产或经济丑闻），就会发生银行挤兑。还有的学者进一步指出，一些原本不打算取款的人一旦发现取款队伍变长，也会加入挤兑的队伍，发生金融恐慌。

4. “道德风险”理论（Moral Hazard）

麦金农（Ronald Mckinnon）认为，由于存款保险制度的存在，以及政府和金融监管部门在关键时候扮演“最后贷款人”的角色。一方面会使银行产生道德风险，从事具有更高风险的投资，增加了存款人受损害的可能性；另一方面，存款者也会不对银行实施监督。世界银行和IMF对65个国家在1981～1994年间发生的银行危机做的计量测试也表明，在设有存款保险制度的国家，发生危机的概率要高于没有设立存款保险制度的国家。

5. 金融不稳定假说

海曼·明斯基（Hyman P. Minsky）对金融内在脆弱性进行了系统分析，提出了“金融不稳定假说”。下面我们将专门对此介绍。

三、明斯基模型及其适用性

我们在比较系统地考察历史上多次金融危机（尤其是由资产价格急剧波动所引发的危机）后发现，所有的危机都伴随了债务和信用的扩张，大都可以纳入明斯基模型的分析框架。因此，明斯基的理论确实有深刻的洞察力和"很好的解释能力"。

（一）明斯基模型概述

1. 明斯基模型的理论背景

20世纪30年代的大萧条是现代经济学各种流派的源头，明斯基的理论也与此相关，他有两个明显的思想先驱，即凯恩斯和费雪。

凯恩斯认为，大萧条的原因在于总需求不足，尤其是投资需求的不足，而投机需求决定于预期收益和利率的关系，因此提出需求管理政策，强调政府的宏观调控职能。

费雪认为，大萧条表面是由对经济前景乐观预期、过度投资和过度投机引起的，但根源在于过度负债（over－indebtedness）。费雪对大萧条的分析，或者说对"金融不稳定"的分析，是建立在"过度负债"和"通货紧缩"这两个核心概念基础之上的，经济循环是两者相互作用的后果，因此称作"债务—通缩理论"（The Debt－Deflation Theory），这一理论在当时以及后来很长时期未引起注意。

明斯基认为，虽然凯恩斯提到了金融体系的不稳定性，但是没有系统分析金融因素在周期变动中的作用；尤其是忽略了债务结构对各经济主体行为的影响。因此，必须在凯恩斯"以投资为中心解释经济周期"的理论框架中，融入"投资的金融理论"，要考虑金融制度、金融惯例及其变化。只有这样，才能更好地分析投机性投资热潮的产生、经济繁荣内含着危机的萌芽这样一种运行机制。

可见，明斯基是在凯恩斯理论框架基础上，重点引入了费雪的“债务—通缩”理论，建立了自己的“金融不稳定假说”。

2. 金融不稳定假说

金融不稳定性理论是明斯基在其1986年的代表作《稳定与不稳定经济》中提出的。他认为金融体系具有内在的不稳定性，易于动荡和爆发金融危机。

明斯基认为，私人信用创造机构，特别是商业银行和其他贷款人的内在特性使得它们经历周期性危机和破产浪潮，金融中介的困境被传递到经济的各个组成部分，产生金融市场和宏观经济的动荡和危机。

这种金融市场动荡是由“错位”引起的，金融资产的错位又可能是由多种因素引发的，可能是由于战争的爆发与结束，也可能是年成的好坏、新技术的发明应用、金融创新等。只要金融资产错位产生的影响足够大，就可以在一个重要的经济部门通过提供获利机会来改变该部门的经济前景，使该部门具有极大的投资价值，而别的部门也不会由于这种错位而失去投资价值。一旦市场主体发现了某个具有价值的投资领域，就会纷纷涌入，如此，泡沫成分就逐步扩大，经济的表面繁荣也随之而来。在此过程中，银行信贷的膨胀及向该领域的资金注入，又使投机色彩更为浓郁。当人们都想一夜暴富时，昔日的投资理性也就不复存在，资金的缺乏就通过向银行的借款来解决，形势一旦发展到这一点，一场危机也就为期不远了。当市场进入到过度投机阶段时，人们对未来的担心也逐步增强，一旦银行信贷不能及时跟上，这种担心就会发展为普遍的金融恐慌，接着就是市场崩溃。

显然，市场崩溃与企业的市场融资行为紧密相关。明斯基根据企业融资时的市场表现，将进入市场融资的企业分为抵补性、投机性和高风险三类，相应的融资行为也有三种，即谨慎融资、冒险融资和“庞氏”融资。正是由于经济生活中这种融资行为和债务结构的大量存在，才使得金融体系具有极大的不稳定性。当市场利率的上升导致那些冒险投资者的财务状况恶化，财务赤字出现并不断扩大时，信贷违约现象就会逐步增多，单个金融机构破产会像传染病一样迅速传播，金融危机爆发了。

金融危机的爆发具有循环往复的特点。明斯基在解释这种周期现象时，给出了三点解释：一是代际遗忘，二是竞争压力，三是市场主体的非理性。也正是由于这些方面的因素存在，金融危机与经济危机都具有一定周期性。

3. 金融危机的描述性模型

金德尔伯格（2007）根据明斯基“金融内在不稳定假说”，对“泡沫经济”和“金融危机”的过程作了系统的描述，并将泡沫扩张到金融危机的过程概括为“出现异常变化→资金过剩→过度发放贷款→资产交易过度和资产价格暴涨→利率上升、收回资金和贷款→资产价格暴跌→金融危机”。特别是用其验证了19世纪初至世界性经济大萧条期间的历史事实，并指出该理论框架是正确的。日本经济学家奥村洋彦在考察20世纪70年代初发生在英国的金融危机和20世纪80年代后期至90年代的日本经济泡沫时，也是按照该理论框架展开分析的。我们在明斯基理论基础上，根据金德尔伯格的分析，将金融危机概括为三个主要阶段：

第一阶段，正向冲击改变经济预期，导致经济繁荣。

根据明斯基的分析，危机往往开始于“错位”，即对宏观经济体系的外部冲击。这种冲击可能是战争的爆发或结束、技术发明、政治事件、货币政策等等。如果这种“冲击”是正面的，而且规模和影响足够大，能够给经济中一个或多个部门带来利润，从而改变了经济的整体预期，如果新的机会总体上多于失败的机会，投资和生产将会上升，那么经济从整体上就会走向繁荣。

在经济和金融扩张阶段，一个经济体的总需求是不断扩张的。在金融中介和金融业务的推动下，尤其是银行信用扩张，使得总需求水平不断偏离真实需求水平，经济出现了非理性的繁荣。私人部门投资需求不断增长，银行大肆发放非审慎的贷款，而且资金流动速度加快，货币乘数变大，整个经济的货币供应量扩大，投机需求大量浮现。

第二阶段，信用扩张和经济繁荣相互推动，市场进入上升阶段。

经济的扩张，预期利润增加，必然伴随信用的扩张，信用的扩张主要是由银行体系完成的。对于某一时点上的银行体系来说，货币支付手段不仅可以在现有的银行体系内扩张，而且可以通过建立新的金融中介机构、创造新的信用工具以及银行体系之外的个人信用膨胀。

此时，由于投机需求已经转化为对商品和金融资产的有效需求，结果商品和资产价格快速上涨。价格的上涨带来了更多的盈利机会，并吸引更多的投资者进入市场。这样整个市场不断上升与膨胀，同时就产生了过度交易的情况。经济和金融的扩张相互作用，推动经济出现了纯粹的“投机”活动，其判别标准是实物资产和金融资产的购买都是为了再出售。如果这种行为大多能够获利时，会吸引更多的人加入，于是出现了“经济泡沫”。这里所谓的“泡沫”指的是资产价格明显地、大幅偏离其“基本面”。

第三阶段，负向冲击与“泡沫”的崩溃。

随着投机性繁荣的继续，利率、货币流通速度和价格都将继续上升。当市场达到一定高度时，人们开始犹豫不决、观望，某些内部人士决定接受现有的利润，出售投机商品、撤出市场，此时，体系内的“内部人”开始抛售资产，以锁定利润，或者外部因素冲击使得投资者作出了卖出的决定，市场开始走向脆弱的均衡。随着“内部人”的进一步行动或外部冲击逐步深化，资产价格开始下跌，对投资者的资产负债表开始产生影响，于是市场价格开始下滑，随后出现令人不安的“财务困境”（financial distress）。随着不安情绪的增加，出现了恐慌性抛售，市场价格急剧下跌，市场趋于崩溃。引发市场崩溃的初始信号可能是某家金融机构或企业在债务压力下倒闭，可能是金融欺诈的曝光，也可能是政策的改变等等。

财务困境并不是问题的终结，投资者和金融机构开始急需流动性，整个体系的流动性发生逆转，市场开始出现巨量的恐慌性卖出，资产价格急剧下挫，最后资产价格产生灾难性后果，投资者纷纷溃逃，最后演化为金融危机。

以上关于金融危机的描述概括为图 2.1。

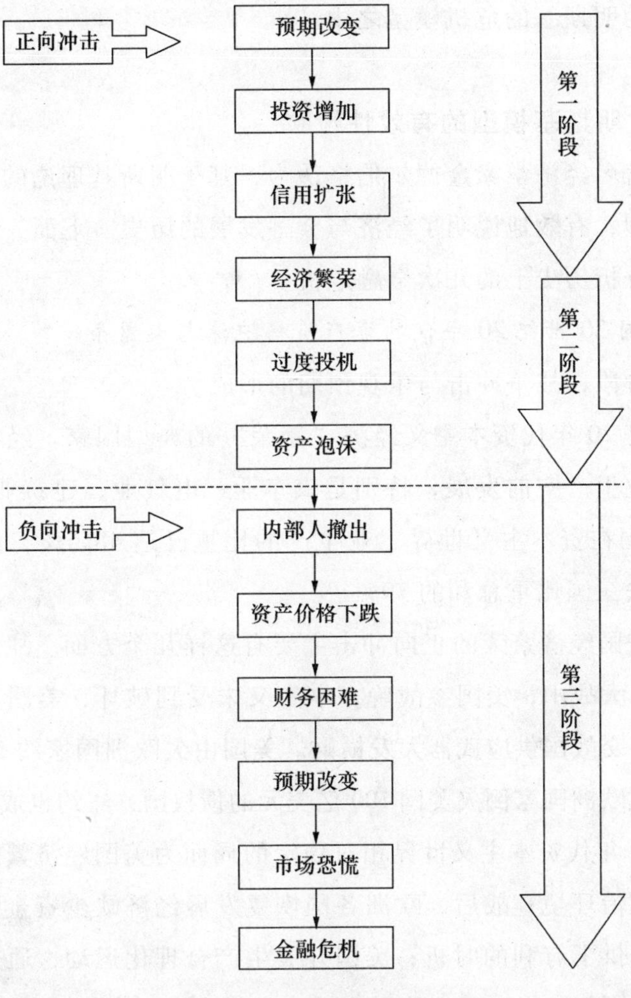

图 2.1　明斯基模型的分析框架

明斯基的模型对解释银行危机甚至是系统性金融危机都非常有力。银行危机和系统性金融危机一般都是分别经历“扩张—上升—疯狂—问题—崩溃”等阶段，沿着“非理性的信用扩张—市场非理性—内部调整或者外部冲击—财务困难—危机”这一轨迹发展。

以上是一个基于明斯基理论的金融危机的描述性模型，金德尔伯格认为这个模型有效地说明了经济与金融发展的历史。金德尔伯格也将日本20世纪80年代的股市和房地产泡沫、美国2000年的互联网泡沫破灭等归纳为明斯基的危机模型之中。

（二）明斯基模型的有效性检验

美国著名经济学家金德尔伯格认为，基于明斯基理论的金融危机的描述性模型，有效地说明了经济与金融发展的历史。下面，我们用明斯基模型来分析历史上的几次金融危机。

1. 美国20世纪20年代的资产价格泡沫与大萧条

第一阶段，战争冲击与乐观预期的形成。

美国是20年代资本主义经济“繁荣”的典型国家。经济繁荣突出表现在工业生产空前发展，特别是汽车业、电气业、建筑业和钢铁业。1929年美国在资本主义世界工业生产的比重已达48.5%，超过了当时英、德、法三国比重总和的79%。

导致美国经济繁荣的正向冲击主要有这样几个方面。战前美国就是经济强国，大战中，美国参战晚，本土又未受到破坏，美国垄断资产阶级通过向各交战国供应武器大发横财。美国由欠欧洲国家约55亿美元的债务国变成欧洲国家倒欠美国100亿美元的债权国，纽约也成为世界金融的中心；20年代资本主义世界相对稳定的局面为美国经济繁荣提供了较好的国际政治环境；战后，欧洲各国恢复发展经济缺少资金，为美国的资本输出提供了有利的时机；美国开展生产合理化运动，通过技术革新和机器设备更新，提高生产管理水平，降低成本，来提高劳动生产效率，增强美国商品在世界市场上的竞争能力，技术革命是美国经济发展的一个主要原因；开拓市场，通过分期付款的方法，刺激国内消费市场的表面活跃；扩大对外商品输出，占据过去由英德控制的世界贸易市场。

第二阶段，信用的扩张和股价暴涨。

美国在整个20年代出现了稳定繁荣的局面，大规模工商企业组织形式的出现提出了新的融资需求，带动了金融制度的变化与金融创新。

首先，无论老企业还是新的企业，都通过大量发行股票来为新的工厂和设备融资。股票市场的快速发展，对商业银行形成了很大的竞争压力。商业银行为了规避管制，设立了全资附属的证券公司，从事各种投资银行和证券经纪业务。这类机构1922年为11家，到1931年增加到114家，到30年代末，占了纽约股票经纪业务收入的1/4，是债券发行的近一半。

其次，一种重要的金融组织创新，投资信托基金（investment trusts）大量出现。1921年之前，美国的投资信托基金只有40家，1929年为750家。当时的美国投资信托出现了两个方面的变化：一是大胆采用保证金交易，二是大量出售固定利率债券，这两者都增加了金融杠杆，同时也增加了风险。

第三，保证金交易盛行。很多经济史学家认为，20年代后期的信用扩张，尤其是经纪人贷款（brokers' loan）的扩张对股市泡沫有很大的推动作用。20年代没有管制的市场上，保证金通常只需要20%，而信誉好的投资者只需要10%；用保证金购买股票具有极大的投机诱惑。投资者只需支付一部分资金，然后依靠借贷就能充分享受资本利得减去贷款利息的好处；甚至连费雪都相信，借款购买股票刺激了“不明智的投机”。

经济的表面繁荣使得多余的私人存款开始流入投机资金，人们产生了某种乐观的心理预期。20世纪20年代美国具备了进行投机活动的经济条件。1919~1929年，美国的汽车工业产量增长了255%，钢铁工业产量增长了75%，电力、电机和电器工业产值从10亿美元增长到23亿美元，建筑业产值从120亿美元增加到175亿美元，同时，美国历届共和党政府遵循保守主义的原则，奉行自由放任的社会经济政策，任社会经济生活放任自流。在20年代的投机活动中，金融投机最为突出，其重要表现之一就是证券投机十分活跃甚至是猖獗。1919~1929年，美国公司新发行的有价证券总额从23.03亿美元猛增到86.49亿美元。纽约证券交易所的交易额1923年为2.36亿股，1926年增加到4.51亿股。25种有代表性的工业股票的平均价格，每股从108美元上升到166美元。

第三阶段，泡沫破灭与危机的产生。

在美国经济繁荣之中，潜伏着不可克服的危机：农业长期不景气，旧工业部门开工不足，大批农民破产、工人失业，贫富差距扩大，欧洲各国经济恢复的完成，使美国的海外市场逐渐缩小等，使美国日益膨胀的生产能力大大超过国内外有支付能力的需求，生产与销售的矛盾日益严重，繁荣只能是暂时的。

同时，由于股市不断上涨，投资股票的收益率明显高于其他领域、尤其是实际生产领域的收益率，更进一步吸引资金进入股市，两者相互作用，最终导致股票价格不可遏制地处于一个危险的高位。金融投机狂潮使20年代美国的经济繁荣含有过多的泡沫，稍有风吹草动，即会引来恐慌。1929年9月26日，在世界经济中具有举足轻重地位的英格兰银行，为停止黄金外流和保护英镑在国际汇兑中的地位，提高再贴现率和银行利率6.5%，这导致大量资金流回伦敦，美国证券市场出现动摇并最终于1929年10月24日（所谓的“黑色星期四”）崩溃。金融危机的发生和经济大萧条，整个国民经济由此陷入瘫痪，引发了资本主义经济史上最严重的一次经济危机。

2. 从泡沫扩张到泡沫破裂：重新审视亚洲金融危机

下面我们运用明斯基“金融不稳定假说”及金德尔伯格的分析思路，通过重新审视亚洲金融危机中“经济主体心理预期与投资行为的异常变化→金融机构过度放贷与货币供应量急剧增加→金融交易膨胀与资产价格暴涨→银行信贷收缩与资产价格暴跌”的过程，从而弄清楚泡沫是怎样扩张的？又是如何破裂的？危机最终是怎样产生的？

第一阶段，外部及货币政策冲击与预期改变。

由于宏观经济体系的外部冲击以及经济预期产生变化，部分经济主体开始采取异常行为。此时，经济主体的异常变化突出表现在两个方面：一是关于经济发展前景、盈利机会以及外部事件的视点、预期发生改变；二是突发性的、出乎意料的经济行为变化成为普遍现象。

20世纪80年代初起，泰国政府在财政、货币政策以及外汇管理上进行了一系列改革，以开放资本市场，刺激国内储蓄，促进资金流动。这些改革给泰国带来了一片繁荣景象，令世人瞩目。据1997年6月OECD《经济展望》提供的资料，泰国年平均经济增长率在1988~1990年期间超过10%，1991~1995年期间超过8%。在1980年，泰国的人均GDP只不过700美元，而到1996年已经超过了3000美元。在金融市场上，1985~1990年间，资本市场总额增加了21倍，平均交易量上升40倍，国内储蓄率则由1985年的21%上升到1989年的31%。此时，金融市场开始成为各经济主体重点关注的对象。

马来西亚具有类似的背景。20世纪80年代以后，马哈蒂尔政府开始推行工业化主导计划，并为此进行了一系列的改革。改革的绩效在20世纪80年代后期制造业和金融业中得到了充分体现。据1998年的《世界银行报告》，马来西亚人均GDP从1987年的1810美元上升为1995年的3890美元，而通货膨胀率却一直保持在4%左右，失业率也只有2.5%。马来西亚政府和国内的人们都雄心勃勃，对金融市场前景一片看好。

第二阶段，信用扩张和经济繁荣相互推动，资产价格暴涨。

（1）金融机构过度放贷与货币供应量急剧增加。由于经济活动达到顶峰，设备投资和金融投资将持续扩张的假象得以形成，在这种错觉的引导下，金融机构大量放款，货币供应量急剧增加，从而使得经济景气得到刺激。在通常情况下，只要不出现借款人因风险太大而不举债，或贷款人因预期收益过低而借贷现象，融资双方的风险就会被低估，融资活动也就会持续下去。同时，金融创新浪潮进一步拓宽了货币供应的渠道，使金融机构的过度放贷成为可能。

泰国29家银行对民营企业和个人的贷款余额从1991~1996年6年内增加了3.33倍，银行总资产则从1985~1994年增加了6.5倍。而非银行金融机构也不甘落后，其放贷余额从1992～1996年期间增加了2.72倍，特别是这些放款对象中的相当大部分是房地产。在经济扩张过程中，马来西亚的金融机构同样普遍超额放贷，国内建设项目所需的贷款十分容易从银行机构中取得。从1993年起，投入基本建设、房地产的贷款年增长率为30%，与此同时，大量放款被投入了股票交易。而印度尼西亚此时的房地产贷款也很盛行，1996年房地产贷款占贷款总额的13%。尤其值得注意的是，亚洲国家的金融机构特别是非银行金融机构在发放大量贷款时，缺乏必要的可行性论证，贷款的抵押品也普遍显得软弱，许多贷款其实都是以股票和房地产作抵押。而在泡沫经济中，资产的价值往往被高估从而为以后的金融危机埋下了伏笔。

（2）金融交易膨胀与资产价格暴涨。在金融规模不断扩张的过程中，由于投机行为因素的渗入，资产过度交易的局面开始出现，人们都陶醉在经济繁荣的景象中。在此背景下，各经济主体纷纷买卖房地产和金融资产以赚取中间利益和买卖差价，甚至在交易资金不足时，也往往采取信用交易或分期付款的形式。特别是在期货、期权、互换交易等金融衍生工具的广泛运用下，国外短期资本大量涌入，从而推动金融投机行为和金融交易规模迅速膨胀起来。在经济增长过程中，马来西亚的股票市场迅速扩张。吉隆坡证券指数（KLSECL）在1989年上升了29%，而在1993年上升了98%。股票市场的高回报率给马来西亚经济注射了兴奋剂，使得许多人失去了对实体经济的关注和兴趣，而把大量资金转移到证券投机活动之中，股票市场交易规模日益庞大。1999年《世界经济统计手册》显示，20世纪90年代初印度尼西亚股市的绝对值在全球排名第25位，而其股市的增长速度都遥遥领先于许多发达国家。从3项股市变化率上我们就可以看到这一点：在1987～1996年期间，印尼股市总值增加了133747%，股市交易额增加了1071300%，上市公司数目增加了9.54%。

第三阶段，银行信贷收缩与资产价格暴跌。

当经济形势处在典型的泡沫经济之时，资金需求量显著增大，货币流通速度也明显加快，利率上升。一旦资产价格上升势头停止，金融机构就会停止发放以上述资产作担保的贷款，并开始着手收回原有贷款，投机家们也会纷纷抛售实物资产和金融资产，从而导致资产价格骤然下挫。伴随着资产价格的下跌，交易过度的经济主体因金融头寸不足而倒闭，一部分金融机构也因大量不良资产的拖累而破产，于是危机爆发。

1994年以后，随着美元走势强劲和亚洲危机国家经济泡沫的扩张，出现了高估亚洲部分国家币值的现象，同时，随着危机国家国内金融市场的大幅度对外开放，外国金融集团长驱直入。在投机集团一波又一波的冲击之下，危机国家政府穷于应付，被动挨打，终于导致泰国、马来西亚、印度尼西亚3国货币币值在短时间内平均下降44%。在股票市场上，从1995年底到1997年4月，股市市值平均下降70%，其中房地产股票累积跌幅达85%，银行和其他金融机构的股票也跌破80%，中央银行被迫宣布关闭缺乏现金周转的金融机构。到1998年，泰国国内失业人数达290万，占全国劳动力总数的10%，30%的企业濒临破产倒闭。

四、基于明斯基模型的美国金融危机

始于美国次贷市场的本轮金融危机的负面冲击已经远远超过80年代初的拉美债务危机、90年代北欧银行危机、90年代日本股市泡沫破裂和1997年东南亚金融危机。很多官员和学者甚至将本轮危机与大萧条相提并论。

（一）本次金融危机的性质与特点

本次金融危机源自美国次贷危机，即美国房地产市场上的次级按揭贷款的危机。它是美国以银行信用为核心的金融市场信用系统的危机，也是美国长期信用扩张导致金融杠杆活动泛化的必然结果。随着危机影响的不断扩大，已经由最初单纯的次级抵押贷款违约的信用危机转化成了带有全球性特征的金融危机。

与以往金融危机相比，这次金融危机表现出以下新的特点：

首先，危机爆发的领域明显不同。以前往往是从实体经济领域开始爆发，由于生产过剩导致实体经济领域大量的生产能力闲置，工厂倒闭。而这一次危机是从金融领域开始爆发，在这之前，亚洲金融危机、拉美危机、俄罗斯危机，也都有这样一个特征，这一次更加明显。

其次，危机产品的根源与以往不同。无论是用马克思理论来研究，还是用凯恩斯理论来研究危机，通常都是由生产过剩引起，而这一次是由于消费过度引起。次贷问题就是这样，一些明明没有消费能力的人进入消费领域，银行提供了过多资金。

再次，危机传染力不一样。在这之前的危机基本上都是局部的，1929 年的大萧条虽然非常严重，但也主要是北美受影响比较大。20 世纪 90 年代亚洲金融危机，区域特征很明显。后来拉美的危机和俄罗斯的危机，通常都是局限于一个区域和某几个国家。而这一次的金融危机席卷全球，美国率先开始，然后冲击到欧洲，以及亚洲。在全球化的新时代，危机也开始具有全球化的特征。

（二）基于明斯基模型的美国金融危机

目前解释金融危机的诸多观点，如利率政策变化说，金融市场资金充裕说，金融机构贪婪说，金融监管松懈说，金融与实体经济失调说等都是从危机的一个侧面分析危机产生的原因，并不能全面而完整的描述危机的产生和演进。明斯基模型对于银行信用危机有较好的解释力，下面我们用明斯基模型系统地阐述此次危机的背景、产生及演进。

1. 第一阶段，正向冲击导致美国经济繁荣

20 世纪 90 年代以前，次贷市场并不存在，一系列因素组合而成的正向冲击导致了该市场的迅猛发展。这些正向冲击包括：

（1）全球经济的快速增长。20 世纪 90 年代以来，全球经济经历了前所未有的快速发展。发展中国家的经济增长率甚至要高于发达国家，

尤其是2002年以后，平均增长速度达到了7%。在此期间，美国等发达国家在信息技术革命的推动下，也经历了高速增长。而2002年以后，全球经济出现了普遍增长，呈现出20世纪70年代以来的最高水平。

以美国为代表的发达国家在2002～2007年之间经历了二战以来前所未有的快速发展，有其“远因”，亦有其“近因”。“远因”是从20世纪80年代末，苏联解体之后，从市场经济和计划经济对垒的背景上看，人们普遍认为政府对经济的干预是不对的，这带来了苏联和东欧的崩溃，因此兴起了市场化、金融自由化的浪潮。这导致大量的金融创新的出现，而且这些金融创新基本没有监管，当时普遍认为市场本身的竞争可以对金融本身产生治理。“近因”是，2001年“9·11”事件之后，美国为防恐而发动了阿富汗战争、伊拉克战争，这导致了美国政府赤字猛增，进而导致货币增发，使得金融货币体系里存在更多的流动性。另一“近因”或更重要，2001年互联网泡沫破裂之后，为了避免出现经济的衰退和萧条，美联储连续17次降低利率，这进而导致货币的增发和流动性的提高。

低利率刺激了房地产市场的需求。货币增发，加上金融自由化的浪潮，导致很多金融衍生产品更容易地被创造出来。房地产贷款方，以房产为抵押把钱借出去，抵押合同在经过包装后到金融市场去融资，然后再放贷，增加了资金的流通，其所导致的结果就是房地产价格快速增加，进而人们财富就增加，不仅弥补了互联网泡沫所带来的财富损失，甚至还增加了总财富，这导致发达国家的消费增加。在正常情况下，2001年互联网泡沫破裂本应该导致美国经济进入更长时间的衰退，而实际上，美联储通过货币政策，使当时的美国经济仅仅衰退了2个季度，就顺利摆脱了泡沫经济破灭的困境。

（2）美国的货币政策。进入21世纪以来，美国金融监管当局，特别是美联储的货币政策，经历了一段由松到紧的变化。从2001年初美国联邦基金利率下调0.5%开始，美联储的货币政策开始了从之前的加息变为减息的周期。此后经13次降低利率之后，到2003年6月，联邦基金利率降低到1%，达到过去46年以来的最低水平。宽松的货币政策环境，反映在房地产市场上，就是房贷利率的同期下降。30年固定按揭贷款利率从2001年底的7.0%下降到2003年的3.8%。持续的利率下降，创造了充足的资金，带动了美国房地产的空前繁荣，也导致了房贷市场和房地产市场的泡沫。据美国联邦住房企业监管办公室（OFHEO）统计表明，美国房价指数自1980~2000年仅增长了一倍，但从2000~2006年短短七年间就又翻了一番。

（3）金融创新与资产证券化。1980年，由于面临Q条款和高通胀压力，金融机构被迫进行金融创新以防止吸收存款能力削弱。此举迫使美联储通过《1980年存款机构解除监管与货币控制法案》、《1982年高恩—圣杰曼存款机构法案》等。现今，金融机构依据借款人的个人信用强弱来确定贷款利率高低已完全合法，这大大降低了按揭贷款拒绝率。同时《社区再投资法案》的颁布实施以及其修正案的实施，鼓励了金融机构向低收入群体和少数民族居民户发放抵押贷款。同时，为保证购房者得到充足贷款和优惠利率，政府有意培育按揭抵押支持证券、资产支持证券及其衍生品市场。由于提供按揭贷款的金融机构多数规模很小，局限于地区业务，证券化加大了这类机构的资产流动性，更有效地分散了其风险，增加了其经营的积极性。

1990年前，银行的每个分支机构都会雇用独立的承销人来审核每个借款人或资产并作出决策建议，但随着业务量的增大，这不再适应银行发展的需要。于是银行开始设立单独的信用审核部门将授信权力集中化。该部门采用统一的信用评分标准，并追踪借款人的信用记录，被称为自动承销系统。该体系降低了金融机构的运行成本，解决了委托代理问题，使其审核程序更具有效率。

2. 第二阶段，信用扩张与金融系统的脆弱性

据OFHEO统计，自1993年起次贷的发行量从零发展至2005年的6250亿美元，单2005年的发行量就占到其中的1/5，年平均增长率达到26%。2006年上半年度的数据表明，这种上升的势头丝毫未减，对信用

评分650以下的个人贷款发放额度为总量的近1/4。短短的13年间，通过次贷共有1200万人拥有了自己的住房，其中多数为首次购房者、弱势群体和少数民族、低收入家庭。全美住房拥有率从64%上升至69%，使之挤入世界高住房自有率国家的行列。2005年前后，美国家庭取代20世纪90年代的新兴市场，成为全球经济中最为重要的净借款人。

（1）银行业过度竞争导致贷款门槛降低和次贷扩张。流动性是商业银行的生命线。流动性不足会引发挤兑现象，严重的会导致商业银行破产。而银行流动性过剩也会带来很多问题，影响商业银行的竞争行为和模式，容易导致过度竞争。在流动性过剩的背景下，商业银行为缩减滞留在体内的过剩资金，往往盲目地追逐客户，非理性地降低贷款条件和贷款利率，容易放大银行的信用风险和市场风险，最终对银行的经营产生不良影响。

在流动性过剩背景下，为追求利润的持续快速增长，商业银行很容易出现过度竞争，放松信贷标准，盲目扩大贷款客户群体，追逐高风险、高收益的投资品种和业务，这与本次危机的发生有着密不可分的关系。随着房价的泡沫越吹越大，流动性过剩使金融机构一方面急于把多余的存款贷出，另一方面更想分享房价上涨带来的利益。而房价的高企使越来越多的普通民众无法承受。两者的矛盾使各机构纷纷推陈出新，降低放贷标准吸引更多的投资者。

美国次级住房抵押贷款市场的发展及其危机正是美国银行业过度竞争的结果。美国次级住房抵押贷款，真正步入快速发展阶段是在21世纪初，尤其是在新经济泡沫破裂和“9·11”事件后，美国实行了宽松的货币政策，从2000~2004年，连续多次降息，联邦基金利率从6.5%一路降到1%，并从2003年6月26日~2004年6月30日期间保持了1年多的时间。美国的长期低利率政策导致了流动性过剩，造成了美国房地产行业的持续繁荣，推动了次级住房抵押贷款市场的过度竞争。

其过度竞争体现在两个方面：一是大量竞争者纷纷进入市场。为了争夺住房抵押贷款市场，一些国际投行纷纷大举收购中小银行和住房抵押贷款公司。2003年汇丰控股收购国际住房公司，2006年德意志银行收购IT抵押贷款公司，以及摩根斯坦利、美林、萨克森资本管理公司分别对贝尔斯登、第一福兰克林、安可信贷公司的并购，都是为了迅速进入美国房贷市场。二是贷款标准越来越松。商业银行可贷资金多，可贷对象少，于是大胆创新贷款品种，竞相放宽房贷标准。美国次贷市场出现了许多新的房贷品种，例如：只付息贷款、3年或5年可调整利率贷款、选择性可调整利率贷款等。2005~2006年发放的住房抵押贷款中有50%具备上述“创新”特征。

过度竞争使得次级住房抵押贷款的信用风险快速膨胀。为积极争抢客户，一些金融中介机构开始运用成熟起来的资产证券化工具，拼命降低融资成本，采取低息战略展开恶性竞争。结果，整个市场的定价机制被扭曲，差异化高质量服务的成本根本无法通过利率调整来负担，信用风险也就越积越大。在宏观经济较为有利的情况下（房价上涨，利率下调等），过度竞争导致的“信用风险膨胀”问题就暂时被“虚假繁荣”所掩盖。但是，这种过度竞争下外延式的发展方式存在致命弱点，那就是无法抵挡系统性风险的冲击。一旦利率上升或楼价下跌，借款人的套利活动就无法获益，金融机构的资金链就容易断裂，风险随之而来。

同时缺乏有效文件支撑的贷款渐渐被扩大了发放范围，一个极端的表现形式便是骗子贷款。即贷款机构在发放按揭时，不要求借款人提供其收入数额的证明文件，而是根据借款人在申请表上填写的数额不加以审核直接发放贷款。为弥补风险的加大，放贷机构往往会收取更高的利息。据统计，2005~2006年这两年时间内，约有50%的次贷借款人没有提供有效的收入证明或证明不全。按揭贷款发放机构已经完全越过了“安全边界”，被业界称为“掠夺性借贷”；而借款人也越来越符合明斯基对“庞兹借款人”的定义和描述。放贷机构与投资者双方的推动使金融体系变得越来越不稳定。随着次贷市场的迅猛发展，证券化产品也日益抢手。依靠收取佣金牟利的发行商和承销商受利益的驱动，乐此不疲地创设出各种结构性金融产品，评级机构出具的A级以上证券泛滥，而政府也因此获得大量的房产交易税以及跟随房价上涨的物业税，各参与方的过度投机刺激了房价的进一步攀升，即明斯基所描述的“过度投机—经济繁荣”的机制被打开。据雷曼兄弟的统计数据表明，以次贷为支持的债务抵押凭证（CDO）的发行量从2000年的不到100亿美元攀升至2006年的近2000亿美元，翻了将近20倍。信贷规模的极度扩张可见一斑。

（2）宽松的贷款标准和监管体系的漏洞。1999年的《金融服务现代化法案》实现了混业经营，但分业监管体制并没有调整，造成了监管的错位与滞后，削弱了金融机构的竞争力。美国现有监管体系机构众多，权力过于分散，监管职能相互重叠，表面看每一业务领域都有专职机构负责监管，但在现今金融业混业经营，金融机构多种业务交叉，金融创新往往同时涉及银行信贷、证券、保险、投资银行等多个业务领域，单一领域的监管就容易使交叉领域出现监管真空，特别是对于涉及系统性、全局性问题缺乏有效监管和协调，导致监管缺失和效率低下，次贷危机正是在这样的监管体系下形成的。

次级贷款审贷程序和标准较为宽松甚至低下，是造成次级贷款危机的制度性因素之一。次级住房贷款与普通住房贷款的主要区别在于：在审贷程序上，普通贷款遵循比较统一和严格的贷款标准，这些标准由美国联邦政府支持的企业掌握，贷款利率在不同贷款者之间围绕平均贷款利率波动，差别不大。而次级房屋贷款发放机构则根据各自制定的保险矩阵来决定借款人的贷款利率，此矩阵包含风险评级（risk grade）、信用得分（credit scores）、贷款价值比（loan - to - value，LTV）、申请文件的完整性（full document）、收入（stated income）等主要指标，借款人在这些方面的差别会使得借款利率相差甚远。在产品结构上，抵押贷款划分为浮动利率贷款（adjustable rate mortgage，ARM）和固定利率贷款（fixed rate mortgage），其中，次级房屋贷款以浮动利率贷款为主。2006年，被用于证券化的次级房屋贷款中，ARM占40%，与ARM相关的产品达到74%。而ARM中，“2/28”型的混合ARM（即最初两年采用固定利率、两年后在六个月期 Libor 的基础上加上一定溢价定期调整利率）占 83%。

次级房屋贷款借款人的平均信用得分比普通贷款的借款人低 100 分以上，ARM 次级房屋贷款的信用得分又低于固定利率的次级房屋贷款。次级房屋贷款尤其是 ARM 次级房屋贷款往往提供给信用得分较低的购房者。次级房屋贷款的贷款价值比远高于普通贷款，而平均贷款规模则远远低于普通贷款。此外，在申请文件的完整性上，具有完整文件的次级房屋贷款约占全部次级房屋贷款的 54%，这一比率低于普通贷款，其中，ARM 次级房屋贷款的这一比率又低于固定利率次级房屋贷款。次级房屋贷款的债务收入比（debt - to - income）最高达 55%，远高于普通贷款 32% 的平均水平。次级房屋贷款的上述特征意味着次级房屋贷款尤其是 ARM 的信用风险远高于普通贷款，并且由于贷款价值比和债务收入比都较高，借款人对利率和房屋价格就变得相当敏感。贷款人之间的激烈竞争以及以经纪人和客户代理为主的销售模式也加剧了审贷管理的松懈。

对具有相同剩余期限的次级贷款而言，无论是具有第一还是第二留置权的次级贷款，2005 年和 2006 年的到期未付率都高于前几年，综合反映出近两年次级贷款质量下降。另外，由于对次级贷款借款人缺乏统一的界定，无论联邦还是各州至今没有明确针对次级贷款的法律，只在“掠夺式贷款”（predatory lending）的名义下监管，成为次级贷款市场的另一制度缺陷。

此次危机也暴露出美国监管体系的问题。美国金融市场的运作和监管机制一直被视为全球的典范。但历史告诉我们，随着金融创新的推进，金融监管从来就不能认为是完美无缺。回顾美国金融监管演变过程可见，伴随着经济的起伏，先后经历了由自由放任——加强管制——金融创新——加强监管——放松监管等多次转折。此次金融危机爆发前，美国采取的是所谓“双重多头”金融监管体制。双重是指联邦和各州均有金融监管的权力，多头是指有多个部门如美联储、财政部、储蓄管理局、存款保险公司、证券交易委员会等机构负有监管职责。正如格林斯潘在《动荡年代》里写到的，“几个监管者比一个好”，这样的格局无疑符合美国一直倡导的分权和制约的精神。不可否认上述监管体制曾是美国金融业发展繁荣的坚实根基。然而，随着金融的全球化发展和金融机构综合化经营的不断推进，“双重多头”的监管体制出现了越来越多的“真空”，并使一些风险极高的金融衍生品成为“漏网之鱼”。首先，最为突出的真空就是各部门、各产品的监管标准不统一。不仅如此，近年来一直有华尔街人士抱怨，美国监管体系机构太多，权限互有重叠。而另一方面，监管盲点也不鲜见，例如，债务担保证券、信用违约掉期等金融衍生产品，是该由美联储、储蓄管理局，还是证券交易委员会来管并不明确，因此造成没有谁去管。其次，由于各种监管规则制定得越来越细，在确保监管准确性的同时牺牲了监管的效率，对市场变化的反应速度越来越慢。最后，多头监管的存在，使得没有任何一个机构能够得到足够的法律授权来负责整个金融市场和金融体系的风险，最佳的监管时机往往因为会议和等待批准而稍纵即逝。

宽松的次级贷款审贷程序和标准使得借款人对利率和房屋价格变得相当敏感，造成了违约的潜在风险的上升。滞后的金融外部监管，成全了金融机构的贪婪，名目繁多的金融衍生品创新，经过杠杆交易，夸大了整个金融系统的风险。一旦经济形势发生变化，利率上升，房市降温，次级贷款的违约率就会上升，从而出现次贷危机，通过连锁反应，引发金融危机。

3. 第三阶段，负面冲击与泡沫的崩溃

美国高速的经济增长也必然带来一些潜伏的危机，其主要表现在：第一，房地产价格持续地以两位数的增长，当中存在一定的泡沫成分。2006 年以后，房地产价格开始下跌，导致很多房地产抵押贷款变成呆账坏账，靠房地产抵押所形成的次级债，就成了“有毒”的资产。二是美国的双赤字、财政赤字造成了国际收支的经常账户赤字，2006、2007 年其赤字占到了美国国内生产总值的 6% 左右。赤字的存在也影响到美元的地位，故美元也不断地贬值。三是大量金融衍生品的出现所伴随着的风险，理论上讲，衍生品的初衷是分散风险的，但是这种基于房地产抵押贷款合同所构造的衍生品非但没能分散风险，反而把风险传递给了投资银行、保险公司，这实质上是把风险扩散了。

泡沫注定就是要破灭的。2006 年以后房地产价格下跌，很多贷款合同不能够兑现。然后这些房地产被拿去拍卖，房地产的供给进一步增加，导致房地产价格进一步下降，这样就导致更多的抵押贷款合同不能兑现，出现了所谓次级债危机。由于很多投资银行、保险公司购买了这些次级债，当次级债变成“有毒”资产之后，这些金融机构手上就有很多“有毒”的资产，因此次级债危机演变成了金融危机。

如果说美联储的 13 次降息行为是对房价高企的一个正向冲击，那么从 2004 年 6 月开始的连续 17 次升息给予市场一个“内部人撤离”的信号。该信号的作用是：政府认为经济过热需要降温，对市场前景的预期从极为乐观转向较为保守，内部人逐步意识到风险的存在而撤离市场。

次贷的风险随着房价泡沫的不断挤出而逐步浮出水面。很多次贷的借款人已超过优惠利率期，还款额度突然加大，收入却没有相应增加；同时，由于抵押品的价值下降，再融资也变得越来越困难，许多家庭进入了“财务困难期”，逾期还款的现象逐渐出现且越来越多。随着逾期还款率和违约率的上升，一方面越来越多的房屋被撤销赎回权且进入市场再销售，从而增大了房屋供给；另一方面风险大增和流动性骤降，导致按揭贷款和证券化发行活动陷于停止，从而使市场需求大大减少。这种供求关系的变化进一步推动了房价的下跌，形成“恶性循环”，整个按揭信贷和资产支持证券市场陷入混乱和流动性枯竭。利润共享的多赢模式因资金链的第一环出现断裂，而出现了动摇。由于个人借款者不能按期交纳还款，次贷发放机构的不良贷款金额紧随升高，以次贷为资金池的 CDOs 价值缩水。抵押贷款机构和众多购买证券化产品的对冲基金、保险公司、商业银行、投资银行等机构也相继出现了“财务困难”，危机一触即发。

根据明斯基的理论，继财务困难之后会发生金融恐慌和崩溃，但两者之间并没有一个标准的时间间隔。危机爆发的根源是信贷扩张、金融脆弱和投机，但爆发危机的导火索往往是一些削弱市场信心的小事，其迫使大多数人开始考虑风险、转变预期、担心风暴的来临，从而将手中的商品、股票、不动产等等资产全部转换为现金，导致流动性骤停而引发危机。

金融危机虽然是从美国开始，但很快就影响到了其他国家，传导机制有两个：一是很多其他发达国家的金融机构也购买了次级债，他们的资产也变成不良资产，呆坏账的比例都提高了；二是房地产的泡沫不仅仅存在于美国，也存在于其他发达国家，据 IMF 对国际房地产市场的调查，很多发达国家如爱尔兰、英国、奥地利、挪威等等，其资产价格与长期维持均衡的房地产债务相比，高出 20% ~30% 。基于这一原因，在几家金融机构崩溃之后，人们开始丧失信心，试图取回存放在金融机构的资金，这一行为进而导致更多金融机构出现危机。这就是为什么金融危机快速爆发的原因，即坏资产加上信心丧失。于是，这些金融机构的亏损与破产、权威机构的公正性丧失以及政府政策的突然转变。这些负向冲击接连出现，投资者逐渐丧失信心，并与“财务困难”和预期急转相结合时，危机最终被引爆。

总结起来，扩张性货币政策提供了充足的流动性；金融创新为次贷市场的兴起提供了技术的支持；市场参与者的投机行为最终导致了次贷及其衍生品市场的繁荣。随着信贷的不断扩张，金融的脆弱性也被放大，表现为长期借贷关系的短期化、放贷标准的不断降低等等。同时，由于监管体系的滞后与漏洞，风险控制方法的缺乏，金融的脆弱性不断累积。当宏观经济政策开始收缩导致房价下跌，各参与方或多或少地陷入财务困难，一旦负面的冲击接连发生，投资者逐渐丧失信心，市场的预期急转而下，危机随即爆发。

本书的后续部分将按照这一理论框架对美国金融危机的成因进行深入探讨。

第三章

美国金融危机形成的宏观经济背景

根据明斯基的理论，金融危机往往始于资产价格泡沫，而资产价格泡沫则通常出现在经济繁荣和扩张期。自1982年美国出现了二战后最严重的经济衰退之后①，美国经济进入了一个长期的繁荣与扩张期。虽然增长的绝对速度比不上20世纪50和60年代，但这段时期出现了两个特点，一个是高增长和低通胀并存现象，二是经济波动幅度大大收窄，1982～2007年25年中，仅出现两次衰退，而且衰退程度都很轻（见图3.1）。

在这样的背景下，投资者和消费者对前景很容易产生持续的乐观情绪，各类资产价格不断上涨。再加上美国长期执行宽松的货币信贷政策、经济增长依赖于负债消费拉动、过度的金融创新和国际货币体系制度性缺陷的共同作用，造就了美国经济中的一个巨大泡沫，这个泡沫集中体现在金融领域。金融危机就是这个泡沫破裂的结果。

美国的宽松货币信贷政策和过度的金融创新，导致美国国民和企业的高负债率，企业、尤其是金融企业经营的杠杆化程度很高，部分金融企业的资金周转严重依赖短期资金拆借。投资银行和商业银行持有大量

① 截止到当时为止。

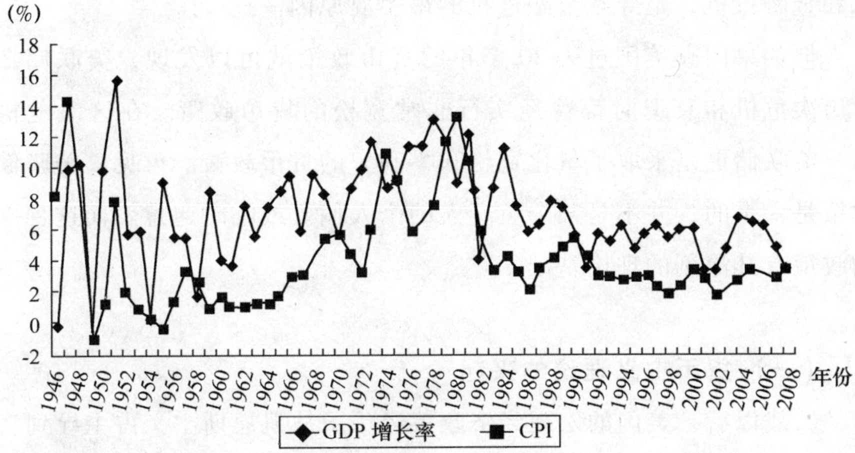

图 3.1　美国经济增长率和通货膨胀率

资料来源：美国总统经济报告和美联储。

金融衍生资产，并以此作为信贷扩张和释放流动性的基础。当美联储为抑制通胀提高利率时，经济泡沫被刺破了。资产价格的上涨再也无法维持，企业、首先是金融企业的资产负债状况出现恶化，导致银行不愿意继续给予贷款支持，造成了金融企业破产、银行资产质量下降、信贷收缩、企业和个人资产负债表出现资不抵债情况，社会消费投资萎缩、经济衰退。以美元为核心的国际货币体系，助长了美国和世界经济的泡沫化，延缓了金融危机的到来、加重了金融危机的恶化程度。本报告主要讨论美国金融危机形成的宏观经济背景。

一、美联储货币政策的失误及其思想根源

很多人把美国金融危机归咎于美联储错误的货币政策。为了应对互联网泡沫破灭以及“9·11”恐怖袭击对美国经济的冲击，格林斯潘掌舵的美联储大幅度降息，特别是在 2003 年将联邦基金利率降低到 1% 的低水平并维持一年之久。许多人认为，这一超低利率刺激了房地产泡

沫和金融投机，是导致金融危机的最主要原因。

但如果回顾美国过去20多年的货币政策就可以发现，美联储在面对历次危机和衰退时都曾经实行非常宽松的货币政策。在这次危机之后，美联储更是采取了量化宽松和零利率的货币政策。可见，美联储的政策是一贯的，并不是某个负责人的个人偏好或临时起意。而这种一贯的政策有其深刻的理论基础。

（一）货币主义理论的兴起

二战以后，美国的宏观经济政策经历了从凯恩斯主义占主导到货币主义占主导的转变。在20世纪30年代的大萧条后，罗斯福新政通过国家的大力干预将美国经济拉出了衰退的泥沼，也使得凯恩斯主义成为了美国宏观经济政策的指导思想。但是，面对20世纪70年代美国经济的严重滞胀，凯恩斯主义一筹莫展，货币主义迅速崛起，被经济学界和政界普遍接受。到20世纪80年代末90年代初，货币主义的地位得到了巩固，并吸纳了部分新凯恩斯主义的观点，形成了新货币主义的理论框架，成为了西方发达国家宏观经济政策的主导经济理论。

当代货币主义理论是在反对凯恩斯主义的过程中发展成熟起来的，其两个核心观点都是反凯恩斯主义的：（1）反对凯恩斯所倡导的财政政策。货币主义认为，在货币供给量不变的情况下，政府扩大开支会推高利率，利率上升将对私人投资和消费产生“挤出效应”，抵消因政府扩大支出而增加的总需求。（2）反对凯恩斯的政府干预思想，提倡自由经济，货币主义认为，市场经济调节经济达到均衡的能力，只是因为价格和工资的调整相对缓慢，所以要达到均衡的状况可能需要经过一定时间。政府对经济的干预会破坏市场机制的作用，阻碍经济发展，引发经济的动荡。货币主义认为，政府只要制定经济中的自由竞争规则即可，并执行“单一规则”货币政策和“自由汇率制度”就能保持经济稳定增长。“单一规则”货币政策是指排除利息率、信贷量、准备金等因素，仅以一定的货币存量作为控制经济的惟一因素的货币政策。按照这一规则，货币供应量每年应按固定的比例增加，该比例大致等于经济和人口的实际增长率之和。这样就可保证市场上商品和劳务产量的增减与货币供应量增减相适应，实现物价稳定下的经济增长。实行“自由汇率”（即浮动汇率）又可防止通货膨胀的国际传递，使经济稳定在自然失业率水平。货币主义认为，货币政策是核心的经济政策，中央银行应该在经济下滑的时候向市场大量注入货币，维持物价水平和市场信心，推动经济复苏。只要中央银行能够正确地调节货币供应量，就可以消除或熨平经济周期。货币主义者认为，20 世纪 30 年代的大萧条就是美联储在经济已经出现下滑势头时，依然紧缩货币供应量造成的。

（二）货币主义理论指导下的美国货币政策

美联储最近的三位主席——沃尔克、格林斯潘和伯南克，都是坚定的货币主义者。沃尔克担任美联储主席后，使用极度紧缩的货币政策，成功地消除了美国 20 世纪 70 年代的通货膨胀，在政策实践上检验了货币主义（但也造成了一次大的经济衰退）。格林斯潘担任美联储主席之后，在面对 1987 年的股灾和 90 年代初的经济衰退时，在货币主义理论指导下，通过实施宽松的货币政策，保持了美国经济长达十几年的经济增长。2000 年，当美国互联网泡沫破裂，经济再次面临下滑时，格林斯潘再次迅速降低利率，2001 年共 11 次下调联邦基金利率，联邦基金利率从 2001 年的 6.24% 降到了 2001 年的 3.88%，2002 年降到 1.67%，2003 年降到 1%。低利率下宽松的货币政策环境，使房地产投资取代互联网投资成为美国经济的增长点，美国经济维持了持续稳定增长，直接推动了美国房地产价格和股票价格的上涨。房价从 2000～2006 年上涨超过 50%；道琼斯 30 种工业股票指数从 2002 年 10 月 10 日的 7181.47 点上涨到了 2007 年 10 月 11 日的 14279.96 点，整整上涨了一倍。大幅上涨的房价和股价，推动了美国消费者的投资信心，助长了大量基于房地产贷款基础之上的金融衍生产品的开发、交易，埋下了最终引爆金融危机的地雷。在出现经济过热通货膨胀的迹象之后，美联储开始采取给经济降温的措施。2004年5次上调联邦基金利率，2005年8次加息，2006年上半年4次加息，联邦基金利率从1%提高到5.25%。2006年下半年开始，美国房价开始下跌，房地产泡沫被刺破了，次贷危机爆发，并传递到其他金融市场，最终演变为全面的金融经济危机。

从前面的分析可以看出，在货币主义理论的指导下，美联储的政策实际上是非常一致的。在2000年以前，普遍认为美国的货币政策对稳定美国金融市场和经济起到了积极的作用，格林斯潘也一度被认为是对美国经济繁荣的最大贡献者。如果说美联储在2003年犯了错误，那么只能说过去20多年美联储一向都是错的。反过来，如果我们认为，为了应对金融危机，美联储当前的零利率政策是正确而且有效的，那么我们也就不能说2003年的低利率政策就是错的。那么，美联储的错究竟在哪里呢？

（三）美联储真正的失误：忽视和纵容资产价格的上涨

20世纪90年代中期，由于美国股市和房价的持续上涨，越来越多的人开始讨论是否应该将资产价格纳入美联储货币政策关注、调控的目标对象。美联储主席格林斯潘在1996年12月发表了著名的“非理性繁荣”演讲。在演讲中，格林斯潘事实上否定了将资产价格作为货币政策调控对象的观点。格林斯潘认为，货币当局应该关注资产价格，但由于资产价格和通货膨胀之间的关系并不清楚，只要“金融资产泡沫的崩溃没有威胁到实质经济如生产、就业、价格稳定时，美联储官员就不应关注”资产价格。而且，这不是格林斯潘一个人的观点，而是大多数美联储官员的观点。格林斯潘的继任者伯南克也认为，在通货膨胀目标理论框架下，货币政策并不直接关注资产价格，“货币政策对资产价格关注的程度，仅限于应对资产价格对通货膨胀预期的影响”。

西方经济学的主流观点认为，中央银行的首要任务是维持物价稳定。弗里德曼说过：“通货膨胀处处都是一个货币现象”；“是太多的货币追逐太少的商品”。在这种理论思想指导下，中央银行把通货膨胀率作为首要的政策目标，把货币供应和利率作为调控的主要工具。当经济出现过热和通胀压力时，央行通过紧缩货币和提升利率来给经济降温。反之，当经济出现衰退和通缩压力时，央行则扩大货币供给和降低利率来刺激经济增长。但是，在一个资本市场高度发达且资产价格处于上涨阶段的情况下，当央行降息或扩大货币供应的时候，多余的流动性并不一定完全流入实体经济，可能有相当一部分流入资本市场，形成资产价格膨胀，而不是商品价格膨胀。这时候，由于观察不到物价上涨，央行可能会产生错觉，继续采取宽松的货币政策。当然，如果资产价格持续上涨并出现泡沫，最终也会影响到实体经济。比如说财富效应导致消费上升，融资成本降低导致企业扩大投资等等，迟早也会推动经济过热和物价上涨。但是，这种影响是间接的，而且是有时滞的。等观察到实体经济过热和物价上涨压力之后再采取紧缩的货币政策，资产泡沫已经形成，金融体系的风险已经积累到很高的程度。

尽管2003年时美国经济已经走出了衰退，但受到伊拉克战争和企业财务丑闻的影响，美国经济增长乏力，而且出现了轻微的通缩迹象。美联储十分担心20世纪30年代大萧条和20世纪90年代日本“失去的十年”重演，采取了极为宽松的货币政策。事实证明，这一政策有效地刺激了美国经济，而且没有引发通货膨胀，从央行的角度来说是非常成功的，至于对房地产价格的影响并不是它考虑的问题。同样，当2005年美国经济快速增长引发过热和物价上涨压力时，美联储又迅速和大幅度加息，刺破了房地产泡沫并直接导致了2007年的次贷危机，这同样不是美联储关心的问题。

美联储不仅未将资产价格纳入调控目标，而且在一定程度上还纵容了资产价格的上涨。20世纪90年代中期，当美国股市已经有较大幅度上涨之后，格林斯潘认为，由于科技进步和劳动生产率的提高，美国的股票价格上涨是合理的，而且还未达到其合理的价格。2000年，美国网络泡沫破灭后，格林斯潘为了阻止经济下滑，下调利率刺激经济，也推动了房价的持续上涨。2002年中，在已经有人提出房地产市场出现泡沫的警示后，格林斯潘在当年4月出席国会听证会时表示：“目前房地产市场上涌动的力量已经让人担心，但还不至于出现房价泡沫”，并对此进行了解释。对于在低利率和认为美国房价会持续上涨信念支配下不断增加的住房抵押贷款规模，格林斯潘认为，这是“科技进步提升了金融服务业的效率和规模”的结果，是金融创新和技术进步使得美国的消费者能够享受到次级抵押贷款等金融服务。

鉴于美联储历史上不适当地收缩货币供应量曾经引起过大萧条的教训，格林斯潘领导下的美联储不仅对资产价格上涨不采取抑制措施，而且一旦资产价格出现下降，因为担心会波及实体经济，往往会迅速降息和采取其他刺激措施，例如，1987 年的股灾、1998 年拯救长期资本管理公司、2001 年降息等。这样就在市场形成了一种不担心金融创新和推高资产价格的“道德风险”，因为市场人士相信美联储遇到危机时终究会出手救市的，从而大胆的推动资产价格和金融衍生产品规模的不断膨胀。也就是说，在资产价格上涨时，美联储不干预，但当资产价格下跌时，美联储却担心金融和经济稳定而积极干预。这必然会导致扭曲的激励机制，造成资产价格能上不能下的趋势，资产泡沫越吹越大。这才是美联储真正的失误。

二、全球失衡与国际货币体系的制度性缺陷

但是，很多美国人并不认为美联储应该为低利率和资产价格泡沫负责任。他们认为是全球失衡问题导致了当前的金融危机。全球失衡指的是美国等少数国家拥有大量经常项目逆差而另一部分国家拥有大量顺差的不平衡现象。其基本逻辑是：中国等顺差国储蓄太多，不断积累美元资产，导致美国利率过低，催生了房地产泡沫，引发了金融危机。因此说金融危机责任在顺差国，尤其是中国等新兴市场国家。其政策含义就是要实现全球经济再平衡，顺差国应该增加消费、降低储蓄，逆差国应该增加储蓄、减少消费。在危机见底和经济开始复苏之后，随着主权债

务危机的显现，西方国家再次警示所谓的全球经济不平衡问题，要求人民币升值以避免新的危机的到来。

（一）全球失衡的由来

全球失衡现象大概是在2001年前后开始得到西方研究机构的关注。全球失衡现象存在两个特点。首先，逆差和顺差集中在少数国家。按照IMF的统计，2007年全球经常项目逆差总额约为1.45万亿美元，其中美国为7266亿美元，占50%以上。前五名逆差国（依次为美国、西班牙、英国、澳大利亚、意大利）逆差总计10550亿美元，占总数的73%，相当于全球GDP的1.9%。顺差国的分布要平均一些，前5名（依次为中国、德国、日本、沙特阿拉伯、俄罗斯）顺差总计为10035亿美元，占比为57%，相当于全球GDP的1.8%。[①] 第二，全球不平衡近年来有不断加剧之势。1980年的时候，经常项目逆差最大的五个国家逆差总额为615亿美元，占全球逆差总额的26%，相当于全球GDP的0.5%。1990年时前5大逆差国逆差总额为1730亿美元，占全球逆差的59%，相当于全球GDP的0.8%。到了2000年，这三个数字分别为5307亿美元、78%和1.7%。可见，逆差的扩大和逆差集中度的上升主要发生在20世纪90年代。值得注意的是，经常项目顺差的总额虽然也在不断扩大，但主要顺差国占全部顺差的比重有所下降。具体数据见表3.1。

表3.1　　全球经常项目变化情况

	内容	1980	1990	2000	2007
前5大逆差国	逆差总额（亿美元）	615	1730	5307	10550
	占全球逆差比重（%）	26	59	78	73
	占全球GDP比重（%）	0.5	0.8	1.7	1.9

① 由于统计误差和遗漏，全球经常项目顺差总额要小于逆差总额。

续表

	内容	1980	1990	2000	2007
前5大顺差国	顺差总额（亿美元）	842	1208	2415	10035
	占全球顺差比重（%）	73	64	48	57
	占全球 GDP 比重（%）	0.7	0.5	0.8	1.8

说明：根据 IMF 数据计算。

按照传统的经济学理论，一个国家不可能长期地出现经常项目赤字。随着逆差的上升，外债的积累，这个国家可能会发生国际收支危机，无力偿还外债。其结果就是外资撤离、货币大幅贬值，严重的会导致经济危机。在2005年之前，许多人认为，全球失衡最大的问题就是美国巨额的经常项目逆差。鉴于美国在国际经济中具有举足轻重的地位，一旦美国逆差不可持续，国际投资者丧失信心抛售美元资产，必然会出现美元暴跌的情形，并有可能演化成波及全球的金融危机。按照这一思路，为了避免这一危机的发生，美元应该贬值，而顺差国应该让自身的货币升值。

与传统经济学理论预测不同的是，在现实中有许多国家长期拥有经常项目逆差。例如，除1991年出现过微小顺差之外，美国自1982年起到现在一直都是逆差。英国是从1984年起到现在一直都是逆差，澳大利亚和新西兰从20世纪70年代初期到现在一直都是逆差。不过，大部分逆差国家都是发展中国家，特别是非洲和拉美国家。

虽然美国逆差的绝对值是世界第一，但逆差相对于本国GDP的比例（2007年为5.2%）与很多其他国家相比并不算高。2007年，全球共有84个国家经常项目逆差与GDP之比超过美国，有46个国家比例超过10%。如果计算1980～2007年的平均值，美国逆差相当于本国GDP的2.6%，有102个国家高于这一比例。事实上，在过去30年中，每年逆差国家的数目都远远超过顺差国家。也就是说，世界上大部分国家都有经常项目逆差，而且许多国家长期都是逆差，其中很多国家的逆差相对于本国的经济规模来讲还相当高。

对于发展中国家来说，由于本国货币不是国际流通和储备货币，持续的积累外债是有可能导致债务危机和货币危机。但对于美国而言，由于美元是世界主要储备货币，美国的外债主要以美元计价，因此美国不存在外汇不足而无法支付外债的问题。而且，美国“净外债”[①] 相对而言并不高，还远远没有达到影响美国偿还能力的水平。截至2007年底，美国的海外资产为18.3万亿美元，外国在美国的资产为20.4万亿美元，美国的“净外债”为2.1万亿美元，相当于GDP的15%。由于美国的海外资产以股权投资为主，而外国在美国的资产以债权投资为主，因此美国的海外投资收益高于它向外国投资者的支付的收益。也就是说，美国可以凭海外投资赚的钱支付外国投资者从美国得到的收益。最后，美元贬值对于美国的“净外债”可以起到自动调整的作用。如果美元贬值，美国的海外资产（主要以外币计算）就会升值，外国在美国的投资对美国来说价值不变。这样，美国“净外债”将会缩小，国际收支状况得到改善，美元进一步贬值的压力也会降低。

从长期来看，只要美国在世界经济中的作用没有被别的经济体所取代，美元的国际货币储备地位不变，美元汇率的变动仍将主要取决于国际投资者对美元资产收益率的预期，而这一预期将主要随着美国经济周期和与之相对应的美国货币政策的变化而变化。未来美元会出现周期性贬值，也会出现周期性升值。2001年以后美元一路贬值，但经常项目逆差仍然不断攀升，而预期中的美元危机并没有出现。因此，到了2006年的时候，已经很少有人再提及全球失衡的风险问题。

（二）全球失衡与美国金融危机的关系

事实上，在2007年美国次贷危机爆发特别是2008年金融危机全面爆发之后，美元的避险功能凸显，大量资金流入美国，美元汇率反而暴涨，因此最早的全球失衡导致美元危机的逻辑已经被危机证明是不成立

① 用净国际投资地位来度量，即美国在海外的资产减外国在美国的资产的余额。

了。但危机爆发后西方又有人重提全球失衡问题，这次他们把全球失衡与房地产泡沫挂钩，认为是顺差国过度储蓄，过剩资金大量流入美国，压低了利率，催生了房地产泡沫，最后导致了金融危机。

这种逻辑有很大的漏洞。首先，由于美元是国际储备货币，美国在制订自己的经济政策时不需要考虑国际影响和约束条件。如果认为国际资金流入太多，利率太低，美国完全可以主动采取应对措施。早在2003年，时任美联储副主席的伯南克就用全球储蓄过剩来解释为什么利率这么低。既然利率低有害，美联储完全可以主动升息，为什么在2003年还把基准利率维持在1%长达一年之久呢？要么是美联储事先没有认识到低利率带来的副作用，要么就是美联储明知故犯。不论是哪一个原因，首要责任仍然在美国货币当局。

其次，全球失衡与房地产泡沫以及金融危机之间没有必然联系。在前一阶段，很多国家都出现了房地产泡沫，其中既有经常项目逆差国，也有顺差国。如果说顺差国的过剩储蓄流入了逆差国导致了泡沫，那么为什么很多顺差国也有房地产泡沫呢？或许有某种共同原因导致泡沫在多个国家出现，但这个原因绝不是全球失衡。而且，美国的逆差是全方位的，不仅和主要顺差国是逆差，对一些主要逆差国如英国、西班牙等同样是逆差。英国和西班牙的房地产泡沫比美国还严重，为什么金融危机在美国爆发呢？说明危机还是美国自身的原因造成的。关于全球失衡导致此次危机的逻辑还隐含一个假设，即低利率会导致资产泡沫。那么日本已经长时间实施零利率政策，为什么资产价格特别是房地产价格多年持续地下跌呢？为了应对此次金融危机，美联储也实施了史无前例的零利率政策，这次很少有人认为这样做不对，也很少有人认为会引发新一轮房地产泡沫。

最后，全球失衡的政策含义同样存在问题。西方国家总是压人民币升值来纠正所谓的全球失衡，但实际上汇率对调整国际收支的作用非常有限。根据国民账户恒等式可知，一国的经常项目余额等于该国储蓄与投资的差额。经常项目逆差说明该国储蓄低于投资需求，顺差则相反。

决定一个国家储蓄率和投资率高低的因素非常复杂，如果汇率因素不在中间起决定作用，那么调整汇率就无法解决经常项目平衡问题。如果说 20 世纪 90 年代后半期美国逆差不断扩大与美元走强有关系，那么 2001 年后美元持续疲软而逆差继续扩大又如何解释？金融危机期间，美元走势强劲，但经常项目逆差大幅下滑，2009 年已经降到了占 GDP 比重 2.6% 这一比较合理的水平。

同样的道理，日元在布雷顿森林体系解体之后总体处于升值状态，特别是 1985 年广场协议之后更是显著升值，但日本却能长期保持世界第一大顺差国的地位。实际上 20 世纪 90 年代以来日本的储蓄率一直在下降，但由于泡沫经济的破灭导致投资率更低，日本还是能保持经常项目顺差。这时候即使日元升值，并不能解决日本经济结构性的问题，反而会打击日本出口这一唯一的经济增长点，并加剧通缩，使日本陷入进一步的衰退。

中国的顺差也是缘于国内的高储蓄率，而高储蓄率与社会保障体系不健全、资本市场不发达有很大关系。人民币升值可以抑制出口、刺激进口，经常项目顺差会暂时下降，但这只是治标不治本的方法。居民用于教育、医疗和退休的储蓄并不会因为进口的东西便宜就减少了，中小企业贷款的难度也不会因此而降低。国内储蓄大于投资的局面不会根本改变，经常项目顺差也会持续。人民币在 2005 年汇率改革之后兑美元的名义汇率上升了 21%，但经常项目顺差有增无减。

近年来油价上涨使得石油出口国成为主要的顺差来源地。由于地缘政治因素和刚性需求的上升，油价已经远远超过石油的生产成本。像沙特阿拉伯原油开采成本为 1.5 美元一桶，但国际市场上的油价在 70 美元以上，那么沙特的汇率要上升多少倍才能平衡自己的顺差呢？这些国家国内市场狭小，投资机会匮乏，短时间内积累了大量的出口收入只能储蓄起来投资于国外。何况，油价还会有低的时候，石油资源也有枯竭的时候，把石油收入储蓄起来防患于未然也是明智之举。汇率升值显然不可能解决这些国家的顺差问题。

对于一些实行固定汇率制或有管理的浮动汇率制的国家来说，如果名义汇率偏离潜在的均衡值，确实有可能造成经常项目余额的失真。但是，决定一个国家长期国际竞争力的是实际汇率，而不是名义汇率。如果一个国家名义汇率被人为压低，那么国际资本就会流入，造成国内流动性过剩和物价上升。即使名义汇率不变，但出口产品价格上升了，进口产品更便宜了，实际汇率等于是升值了。相反，一个国家若保持过高的名义汇率，资本就会流出，国内会出现通货紧缩，实际汇率还是贬值了。从长期来看，一个国家的名义汇率可以失真，但实际汇率不会。

正因为汇率调节国际收支的效果有限，许多人建议顺差国减少储蓄、逆差国增加储蓄使全球经济再平衡。中国适当降低储蓄率、提升消费率以及美国适当提升储蓄率、降低消费率对于彼此而言都是有益于其经济发展的平衡和可持续。这样做有非常积极的意义，但与金融危机无关。按照那种全球失衡导致金融危机的逻辑来思考，如果中国减少储蓄，美国增加同等数量的储蓄，全球失衡是减少了，但由于跨国投资存在“本土偏好”(home bias)[①]，美国资本市场获得的资金量反而比以前增加了，在其他条件不变的情况下，美国的利率只会更低，更容易创造资产泡沫。

全球失衡与经济全球化密切相关。随着贸易和投资自由化进程的加快，国际间产业分工日益深化。发达国家的制造业向基础设施良好、劳动力成本低、政治环境稳定的新兴市场国家转移是大势所趋。国际金融市场融合度提高也使得各国的资本可以在全球范围内寻找最佳的风险和回报组合。总的来说，发展中国家的资本向发达国家流动，主要是为了获得安全、稳定和流动性高的回报；而发达国家向发展中国家流动，是为了取得高风险条件下的高收益，以平衡国内回报率低的投资组合。总的来说，国际间货物和资本的自由流动提高了资源的配置效率和参与者的福利，会随着全球化的推进不断加深。按照传统的分国别的国际收支

① “本土偏好”是指即使有相同或更好的海外投资机会，人们仍倾向将本地储蓄投资于本土。据估计，本土偏好大约在70%左右。这意味着本国每增加1元钱储蓄，有0.7元会用于本国投资。

口径来统计，当然会得出全球失衡越来越严重的结果。只要全球贸易、投资和金融一体化的大趋势不改变，强行调整汇率或许会改变全球失衡在不同国家和地区间的分布，但改变不了全球失衡的总体态势。

（三）全球失衡加剧根源于国际货币体系的制度性缺陷

全球失衡之所以能够长期存在，一方面是经济全球化背景下国际产业分工深化的结果，具有一定的合理性。但另一方面，这种失衡也不是没有限度的。近年来全球失衡的不断加剧，则是与当前国际货币体系的制度性缺陷密切相关。20 世纪 70 年代初，在国际收支持续恶化和货币贬值的压力下，美国宣布放弃美元和黄金挂钩及固定汇率制，布雷顿森林体系正式结束。金融市场经历一段动荡时期之后，逐步形成了以美元为中心的多元储备以及以浮动汇率制为主的国际货币体系。美元仍然保持着在国际货币体系中的核心地位，是国际经济中最主要的初级产品定价货币、贸易结算货币和储备货币。各国为了发展国际贸易和抵御金融风险，需要储备大量的美元，这就意味着美国必然会出现长期的经常项目赤字。

布雷顿森林体系的崩溃不仅仅意味着一种汇率制度的终结，同时也揭开了金融自由化和金融全球化大发展的序幕，金融资本开始大规模的跨国流动。美国拥有全球最大最发达的资本市场，既是吸收全球资金最多的国家，也是最大的资本输出国。但是，这种资本的双向流动存在结构性的差异。对于其他国家特别是发展中国家来说，美元主要是储备资产，因此追求安全性和流动性。而美国的对外投资则以高风险高回报为目的。这就是为什么在美国成为经常项目逆差国和资本净输入国后，投资收益始终是正的。

布雷顿森林体系崩溃以后的国际货币体系实际上是一种“信用”本位的货币体系，作为本位货币的美元，其发行几乎没有限制。与布雷顿森林体系不同，这一体系是自然形成的，不是一种制度性的安排，没有一种可执行的约束力来要求美国承担维护这一体系的责任。美国在制订国内经济政策时，不需要考虑对国际货币体系和国际经济的影响。当美国经济疲软、开始实行扩张性财政和货币政策的时候，美元利率较低并可能出现贬值，大量的美国资金流向全球特别是经济增长潜力较大的发展中国家以获取高收益。如果这些国家过早和不恰当地开放了本国金融市场，金融监管和宏观调控能力又跟不上的话，国外资金的大量流入可能会造成虚假的经济繁荣和资产价格泡沫。一旦美国经济出现通胀压力，开始实行紧缩性货币政策的时候，美国利率开始上升，美元也会相应升值，此时资金可能又会大量回流美国，引发这些国家的货币和债务危机。20 世纪 70 年代的拉美债务危机以及 1997 年的亚洲金融危机就是典型的案例。

因此，我们可以清晰地观察到，以布雷顿森林体系崩溃为界，之前的 20 多年很少发生金融危机，而之后的 30 多年国际金融市场经常大幅波动，各种金融危机频频发生。而且，在美国金融危机爆发之前，金融危机大部分都发生在发展中国家，而且都是以货币危机和外债危机为主。一方面，这一结果造成了一种假象，即发达国家的金融体系是完善的，风险是最小的。特别是美国可以不受外部条件的约束，不断地采取扩张性的经济政策应对每一次经济衰退和金融动荡，因此对美国投资是安全和有保障的。另一方面，部分发展中国家痛定思痛，认定只有大量的积累外汇储备和保持经常项目顺差才能抵御金融风险。近年来东欧国家重蹈了当年东亚国家的覆辙，向外大举借债，经常项目持续逆差，结果受到了此次金融危机的重创。事实证明，东亚国家的策略是正确的。

因此，全球失衡的加剧是国际货币体系制度性缺陷的结果，而不是造成美国金融危机的原因。美元作为主要的储备货币，充分地享受了当前国际货币体系的好处，如向全世界征收铸币税，利用汇率贬值来化解外债，以及不受约束地采取扩张性宏观经济政策等等。问题是美国滥用了这一地位，没有利用好不断流入的国外资本。诺贝尔经济学奖得主约瑟夫·斯蒂格利茨对于这个问题曾经说过：资金多不是坏事，关键要看你怎么用。这就和美国经济增长方式有关了。

三、美国负债消费的增长模式

从1982~2007年，美国经济经历了25年的扩张期，其中只在1991年和2001年出现了短暂和轻微的衰退。这使得美国成为同一时期发达国家中经济表现最好的国家之一，也是同期世界经济增长的主要动力。但是，美国的经济增长是建立在过度运用扩张性宏观经济政策、透支消费和积累债务以及金融业畸形发展和经济虚拟化、泡沫化的基础之上的。这种增长模式是不可持续的。

（一）持续的信贷扩张和负债率的上升

从1955~2007年，美国的利率水平走势以1981年为界可以分为两个阶段。1955~1981年，利率水平总体向上提高。1981年之后，利率水平不断走低。2003年是联邦基金利率的低点，曾达到1%的水平，之后有所回升。其他各类贷款利率的走势和联邦基金利率基本相似。

20世纪80年代以来利率的走低有一定合理性，最根本的原因是通货膨胀率的持续走低。首先是通货膨胀预期显著下降。1979年美联储新任主席沃尔克上台之后，为了战胜通货膨胀，将短期利率提升到20%的高水平，引发了一次严重的经济衰退，通货膨胀显著下降。20世纪70年代“滞胀”现象的出现，很大程度上是通胀预期自我实现造成的。而沃尔克的行为建立了央行打击通胀的信誉，其他国家的央行也纷纷效仿，通胀预期迅速回落。其次，经济全球化、管制放松、技术进步等结构性因素通过增加供给和竞争、降低成本和提升效率，也大大抑制了物价上涨。因此，利率的走低不仅是美国独有，其他主要西方国家都出现了这种现象。但正如前面所分析的，随着金融深化，大量流动性资金融入资本市场，出现了资产价格上涨而物价上涨相对滞后的现象。由于央行观察不到通货膨胀，因此可以维持低利率不变。

低利率水平降低了美国消费者、企业和政府的融资成本，增强了贷款意愿和贷款需求，再加上管制放松和金融创新等因素的作用，美国经济的负债率显著上升。从表 3.2 中可以看出，从 1950 ~ 1980 年 30 年中，美国非金融部门债务余额占 GDP 的比重仅上升了 5 个百分点。但从 20 世纪 80 年代开始，该比重显著上升，从 1980 年的 142% 上升到 2008 年的 233%。其中，企业债务占 GDP 比重从 53% 上升到 70%，政府债务比重从 39% 上升到 60%，涨幅最大的是居民债务比重，从 50% 上升到 96%。而住房按揭又占据了居民债务的主要部分，其占 GDP 的比重从 33% 上升到 72%。

表 3.2　　美国非金融部门债务余额占 GDP 的比重　　单位:%

年　份	总　计	企　业	政　府	居　民		
				总　计	住房按揭	消费信贷
1950	137	31	81	25	13	8
1965	140	42	51	47	31	14
1980	142	53	39	50	33	13
1990	187	65	60	62	43	14
2000	183	66	46	70	48	17
2008	233	70	60	96	72	18

数据来源：美联储。

从时间周期来看，1980 年后负债率的上升又可以分为三个阶段：第一阶段是 20 世纪 80 年代，总体负债率显著上升，涨幅最大的是政府负债率，企业和居民负债率稳步上升；第二阶段是 20 世纪 90 年代，总体负债率有轻微下降，企业和居民负债率小幅上升，政府负债率显著下降；21 世纪以来是第三阶段，负债率再次大幅攀升，升幅最大的是居民部门，其次是政府部门，企业部门上升不多。这说明 20 世纪 80 年代以来特别是 2000 年以来，美国负债率的上升主要出现在居民和政府部门。从 GDP 的构成更可以看出 20 世纪 80 年代以来信贷的扩张主要用在了什么地方。

（二）经济增长主要靠消费拉动

从图 3.2 可以看出，美国消费率从 1950～1980 年的 30 年中，始终稳定在 61%～63%之间。但从 1980 年开始，消费率逐步攀升，从 63%一直上升到 2007 年的近 70%。美国国民消费支出占可支配收入的比重从 20 世纪 80 年代初的 85%左右上升到了 2007 年的大于 95%。与之相应的，美国的私人储蓄率逐步下降，2005 年时一度为负。

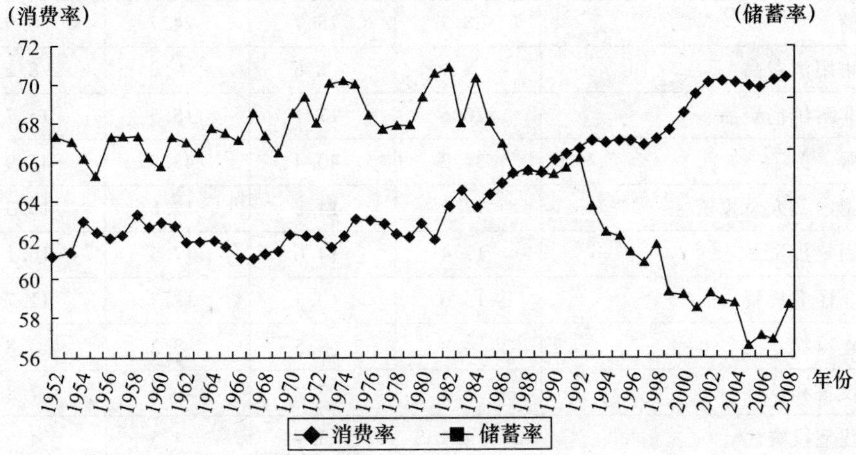

图 3.2　美国居民消费占 GDP 比重和私人储蓄率

数据来源：美国商务部经济分析局。

从美国 GDP 的构成及其变化中可以看出，1980 年以来，对美国经济增长贡献最大的是私人消费。而私人投资占 GDP 比重由所下降，但在 20 世纪 90 年代曾上升三个百分点，超过同期消费率上升的幅度，特别是设备和软件投资就上升了 2.4 个百分点，也从一个侧面证明了 20 世纪 90 年代美国的经济增长主要靠私人投资特别是高科技投资拉动。而净出口在 20 世纪 80 年代、90 年代和 21 世纪以来三个阶段对 GDP 的贡献都是负的，而且幅度不断扩大。政府开支占 GDP 比重的变化主要出现在联邦政府的变化上，20 世纪 80 年代轻微上升，90 年代显著下降，21 世纪以来再度上升。

从表 3.3 的分析可以看出，过去 30 年美国经济负债率的显著上升，主要体现在居民和政府部门，而居民消费成为美国经济增长的主要动力。这样的增长模式是不可持续的。一个只消费的经济是没有资本积累

表 3.3　　　　美国 GDP 的构成及其变化　　　　单位：%

年　份	1980	1990	2000	2007
国内生产总值	100.0	100.0	100.0	100.0
私人消费支出	63.0	66.1	68.6	69.8
商　品	28.7	25.7	24.7	23.9
耐用消费品	8.1	8.6	9.2	8.2
非耐用消费品	20.6	17.1	15.5	15.7
服　务	34.3	40.4	43.9	45.9
国内私人总投资	17.2	14.8	17.8	16.3
固定投资	17.4	14.6	17.3	16.1
非住宅投资	13.0	10.7	12.7	11.7
建筑物	4.9	3.5	3.2	3.8
设备和软件	8.1	7.2	9.6	7.8
住宅投资	4.4	3.9	4.5	4.5
私人存货变动	-0.2	0.3	0.5	0.1
净出口	-0.5	-1.3	-3.8	-5.1
出　口	10.1	9.5	11.0	11.8
货　物	8.1	6.8	7.9	8.1
服　务	2.0	2.7	3.1	3.7
进　口	10.5	10.9	14.8	16.8
货　物	8.9	8.8	12.5	14.1
服　务	1.6	2.1	2.3	2.7
政府消费开支和总投资	20.3	20.4	17.4	19.0
联邦政府	8.7	8.7	5.8	6.9
国　防	6.0	6.4	3.7	4.7
非国防	2.7	2.3	2.1	2.2
州和地方政府	11.6	11.6	11.6	12.1

数据来源：美国商务部经济分析局。

的，因此也就没有技术进步和劳动生产率的提高，就没有长期的可持续的经济增长。美国从国外借了很多钱，如果这些钱用于投资而且投资回报率超过借贷成本，那么借钱就是合理的、划算的。但如果把借来的钱用于消费，由于消费本身不产生回报，那么要还钱就只能变卖资产，或是借新债还旧债。这个道理对于每个人、家庭和国家都是适用的。美国的问题就在于没有把借来的钱用在扩大长期经济增长的潜力，而是用在满足短期消费需求上，实际上是透支了未来的增长潜力。

这种以负债消费为主的增长模式并没有显著提升美国经济的增长率。20 世纪 50 年代、60 年代和 70 年代，美国经济年平均增长率分别为 3.6%、4.2% 和 3.2%。20 世纪 80 年代是 3.3%，90 年代是 3.4%，2001～2007 年只有 2.4%，总体上低于前 30 年。在过去 30 年中，负债率下降的 20 世纪 90 年代恰恰是投资拉动经济增长为主、且增长最快的时期，而 21 世纪以来负债率迅速上升的 7 年却是二战后增长速度最低的时期。

（三）经济泡沫化和虚拟化

美国经济的泡沫化与虚拟化也是支撑负债消费增长模式的重要手段。1982 年以来，在良好的宏观经济基本面以及管制放松和金融创新等制度性因素的共同作用下，美国的金融市场和金融产业取得了高速发展，各类资产价格泡沫此起彼伏，如 20 世纪 80 年代的垃圾债券和商业地产泡沫，90 年代的互联网股票泡沫以及 2000 年以来的房地产市场泡沫。由于财富效应的存在，这些资产价格泡沫也成为负债消费的推手。

例如，在 2001 年美国互联网股票泡沫破灭之后，信息技术产业的投资大幅萎缩导致经济衰退，“9・11”恐怖袭击事件又造成了新的冲击，这个时候是美国的消费者挽救了美国经济，而消费增长的主要动力来自于房价上涨带来的财富效应。美国此轮房价上涨始于 1997 年，从 2000 年开始房价上涨突然加速，连续三年涨幅超过 7.5%，是之前三年的两倍。由于美国居民 2/3 的财富是以房地产形势出现，房价的上涨带来了巨大的财富效应，刺激了居民消费。据美国学者估计，房地产财富增量中的3%~5%被居民用于消费支出，有力的支持了美国经济，使得2001年的衰退成为美国有史以来最轻微的经济衰退。

但是，这种消费支出的增加几乎完全是靠增加房地产按揭贷款来获得的。由于美国的房地产市场价格一直呈现上涨趋势，一些贷款中介机构和商业银行允许消费者用新增房价部分再抵押，进行贷款消费。这种抵押贷款方式，扩大了金融机构的信贷业务，增加了消费者的负债率，实际上增加了双方的风险，降低了贷款的安全边界。显然，这样的增长方式有赖于资产价格泡沫的持续放大。一旦泡沫破裂、房价下跌，房子可能变为“负资产”，消费者财富化为乌有，而金融机构也将面临贷款损失。整个经济和金融体系的风险也因此增加。

美国股票市值与GDP之比从1990年的58%上升到2007年的144%，同期债市市值与GDP之比从122%上升到172%，两者合计从180%上升到316%。值得注意的是，股票市值上升主要出现在20世纪90年代，在网络股泡沫破灭之后曾出现一定幅度的下降，直到2003年才又开始上升。而美国股票市场的换手率升幅更大，从1990年的0.57上升到2007年的2.13，增长了3倍多，充分说明股市投机程度的不断上升。

金融衍生产品市场的发展更为惊人。从表3.4可以看出，从1999~2008年近10年的时间里，全球在交易所中进行交易的金融衍生产品未平仓合约的名义价值从13.6万亿美元上升到82万亿，其中北美市场（主要是美国）从6.9万亿美元上升到41万亿。而柜台交易的金融衍生产品数量更为惊人。未平仓合约的名义价值从1999年的88.2万亿美元上升到2008年的683.8万亿，同期拥有联邦银行存款保险的美国商业银行持有的衍生产品名义价值从34.5万亿美元上升到166.7万亿美元，上升了近5倍，这还不包括美国其他金融机构持有的金融衍生品。

表 3.4　　金融衍生产品未平仓合约名义价值　　单位：万亿美元

年　份	柜台交易的衍生产品		交易所交易的衍生产品	
	全　球	美国商业银行	全　球	北　美
1999	88.2	34.5	13.6	6.9
2000	95.2	37.9	14.2	8.2
2001	111.2	45.0	23.7	16.2
2002	141.7	55.4	23.8	13.7
2003	197.2	70.1	36.7	19.5
2004	258.6	88.0	46.5	27.5
2005	299.3	93.7	57.3	35.9
2006	418.1	122.5	69.4	41.5
2007	595.7	149.8	79.1	42.5
2008*	683.8	166.7	82.0	41.0

数据来源：国际清算银行，美国货币监理署。2008 年为 2 季度数据，其他均为 4 季度数据。

金融市场的大发展也推动了美国金融业的快速增长。金融业就业人数不到美国非农就业总数的 5%，创造的增加值仅占美国 GDP 总量的 8%，但 2007 年金融业利润占到了美国国内企业利润总额的 30%，而 1982 年这一比例只有 16%。为了获得超额的利润，美国的金融机构通过所谓的“创新”创造信用、逃避监管，扩大了信贷规模，进一步吹大了资产价格泡沫，使得金融风险不断集聚，致使危机的发生不可避免。本书第四章将对此进行深入探讨。

第四章

美国金融危机形成的微观经济基础

在第三章中，我们分析了美国经济过去30年来形成金融危机的宏观经济背景。在分析美国金融危机成因的时候，一种流行的观点是认为，美联储为了应对21世纪初美国互联网泡沫破灭采取了过于宽松的货币政策，导致了流动性泛滥和房地产价格泡沫，是导致此次危机的主要原因。笔者认为，这种观点流于表面，并没有揭示危机形成的深层次原因，也因此不能总结出真正的经验教训。

美国此轮的房地产价格上涨始于1997年，到2000～2002年时开始加速上涨，这三年的平均涨幅是之前的2倍，当时美国已经有人认为房地产价格偏离了合理轨道[①]。尽管美联储在2001年之后大幅降息，但与房贷利率直接相关的长期利率下降幅度相对要小很多，仅从7.16%的水平降到5.23%。而美联储从2005年开始收紧货币政策之后，房价依然快速上涨。在危机爆发之后，美国采取了更为宽松的货币政策，其力度远超2001年之后，但迄今为止，很少有人认为会引发新一轮房地产泡沫。美国耶鲁大学的罗伯特·希勒教授（2008）认为，美国房价的

① 见Soros（2008），pp. xix。

上涨与货币政策的关系最多是间接的。

宏观决定论还忽视了危机形成的制度性原因。从次贷危机开始，到“两房”危机，美国国际集团（AIG）被接管，直到雷曼兄弟倒闭引发金融海啸，可以清晰地看出危机的直接原因实际上是金融衍生产品市场的崩溃。而美国金融衍生产品市场的发展经历了一个长期的过程，基本上是制度性原因造成的，与短期货币政策关系不大。

那么货币政策与金融危机到底是什么关系呢？按照明斯基的理论，信贷供应的顺周期性是导致资产价格泡沫和金融危机屡屡发生的根本原因。经济好的时候，投资者对未来前景乐观，借贷的需求上升。同时，金融机构也认为这时候风险小，而更愿意放贷。信贷的扩张很容易形成经济过热和资产价格泡沫。当经济增长或资产价格上升开始放慢的时候，信贷损失开始出现，投资者和金融机构可能会变得更加谨慎，开始收紧信贷。信贷紧缩的结果会导致新一轮的资产价格下跌和信贷损失，严重的情况下会导致金融危机。

有人会认为，利率可以看做是信贷的成本，降低利率必然会刺激信贷增长，因此美联储2003年过于宽松的货币政策看做是此次美国金融危机的起因没有什么错误。这种逻辑忽视了两个问题：一是信贷的供需双方不光要考虑成本，还要考虑收益，而信贷的收益是有风险的。当经济不好、投资者和金融机构悲观的时候，利率再低也不会出现信贷扩张，这是当前的美国和20世纪90年代日本的真实写照。二是通过金融创新，金融机构可以创造信用，即使当时的货币政策是中性的，信贷一样能够增长。

危机爆发前10年，世界上许多国家都出现了房地产泡沫。很多国家房价涨幅比美国大很多，而且居民的负债率以及房价的不合理性①也要超过美国。如果说是美联储的低利率政策导致了全球流动性过剩，那么为什么同在欧元区、有相同利率政策的西班牙、爱尔兰房价涨幅巨

① 以房价收入比和房价租金比与长期均值的偏离度来衡量。

大，而德国的实际房价过去10年一直在下跌呢？有些房价涨幅超过美国的国家如爱尔兰也爆发了金融危机，而另外一些国家如澳大利亚、加拿大、挪威等则一直都没有爆发金融危机。用利率的变化是不能解释这种差异的。因此，低利率不见得会引发房地产泡沫，有房地产泡沫也不一定就会有金融危机。我们需要思考的是，为什么危机会在美国爆发？这里面肯定有美国独有的因素在起作用。

表4.1　　部分发达国家房价涨幅

国家	1996～2006年房价涨幅（%）		房价/租金比（长期均值=100）		房价/收入比（长期均值=100）	
	名义价格	实际价格	1996年	2006年	1996年	2006年
美国	112	61	90.2	136.4	87.8	118.8
日本	-33	-33	104.3	69.2	94.8	67.7
德国	-7	-20	88.6	73.5	88.0	67.7
法国	130	91	83.5	157.1	86.1	142.2
意大利	77	36	94.7	126.3	83.2	113.0
英国	192	145	80.9	166.0	78.1	141.2
加拿大	84	48	106.8	179.4	100.9	128.2
澳大利亚	137	79	94.9	170.9	91.1	143.8
丹麦	167	116	87.9	165.2	88.1	150.3
西班牙	195	115	107.4	201.3	97.4	160.4
芬兰	51	92	–	152.5	76.5	104.0
爱尔兰	402	262	60.2	174.8	83.0	153.8
韩国	35	-7	92.2	104.2	73.7	64.4
荷兰	174	113	88.0	160.0	94.2	168.9
挪威	169	116	86.3	156.3	83.0	127.3
新西兰	132	85	102.5	158.3	103.3	155.8
瑞典	134	100	69.6	159.7	73.9	119.8
瑞士	6	-3	84.3	84.5	84.5	79.8

资料来源：OECD Economic Outlook, June 2007.

一、金融创新过度：埋下风险的种子

一部金融发展史可以说就是一部金融创新史。为了获得利润，金融机构总是想方设法通过提供新的产品，新的服务，创造出新的业务，扩大信用规模。但是在20世纪30年代期间，美国政府为了吸取大萧条的教训，通过并实施了一系列加强金融监管的法律，使得金融业成为美国管制程度最高的行业之一。20世纪70年代，面对“滞胀”带来的挑战，新自由主义思潮在西方国家兴起，管制放松和经济全球化成为大势所趋。宽松的政策环境，新的市场机遇，以及对利润无止境的追逐，使得美国金融业的创新活动出现了快速地发展。

从具体内容来看，过去30年来美国的金融创新主要可以分成以下三个层面：业务创新、技术创新和组织创新。金融制度创新主要是通过放松管制来实现的，其具体过程这里就不再详细介绍。然后，金融机构建立新的业务和组织形式来最大限度地利用新的制度环境。随着业务的发展，又需要进一步突破现有的制度环境。如果监管部门和立法机构被金融机构所“捕获”的话，管制可能进一步放松，形成新一轮的业务创新和组织创新。如果管制不能放松，金融机构同样会设法创新业务和组织形式以规避现有的管制。过去30年，美国的金融创新基本上沿着这样一个轨迹不断发展。

（一）业务创新

1. 资产证券化

过去一段时期，美国金融业务的创新主要体现在信贷资产的证券化及相关金融衍生产品业务的爆炸性增长。信贷资产证券化是指把欠流动性但有未来现金流的信贷资产经过重组形成资产池，并以此为基础发行证券。根据信贷资产的种类，发行的证券可分为住房抵押贷款支持债券

（Mortgage-Backed Securities，MBS）和资产支持债券（Asset-Backed Securities，ABS）。实际上，MBS 在 20 世纪 60 年代就已经出现了，美国的两个政府发起企业（Government Sponsored Enterprises，GSE）房利美和房地美就长期从事 MBS 的发行和担保业务。但由于这种债券的投资期限不确定，收益和风险组合也不满足大型机构投资者的需要，因此发展得并不算快。

真正的突破出现在 20 世纪 80 年代，美国的投资银行家发明了担保债务凭证（Collateralized Debt Obligation，CDO）。CDO 的作用是把传统的 MBS 按照不同的信用质量分割成高、中、低三级（tranche）。高级债券占发行总额的 70% 左右，而且优先享有所有债券的现金流。既然房地产抵押贷款的违约率很少高于 30%，那么高级债券几乎是无风险的，可以享有 AAA 评级。而低级债券要首先承担所有的信贷损失，因此风险最高，必须付出高息才能吸引投资者。中级债券则居中。三个级别还可以根据固定利率与浮动利率、零息与附息等等再进一步细分。这种设计满足了不同层次的投资者的需求，因此很受投资者欢迎。既然住房抵押贷款可以证券化，其他信贷资产如企业贷款、汽车贷款、学生贷款、信用卡债务都可以证券化，形成 ABS，而且也可以按照 CDO 的方式分级、打包、销售。2000 年时 CDO 市场规模只有 2750 亿美元，2006 年底这一数字上升到 4.7 万亿美元。

2. 信用衍生产品

随着业务范围的扩大，西方的金融机构一直都在不断使用各种金融衍生产品如期货、期权、调期来降低自己的资产风险。到了 20 世纪 90 年代，美国的金融机构又发明了一种新的信用衍生产品——信用违约调期（Credit Default Swap，CDS）。CDS 相当于是一种信用违约保险，其买方向卖方支付保费，如果违约事件发生，卖方要赔偿买方。CDS 的出现解决了信用风险的流动性问题，使得信用风险可以像市场风险一样进行交易，从而转移担保方风险，同时也降低了企业发行债券的难度和成本。但和真正保险不同的是，CDS 买卖双方都不需要真正拥有合约相关的基础资产（underlying asset），因此其投机功能迅速地淹没了保险功能，经常会出现为某种债券发行的 CDS 是其债券发行额数倍的情形。2001 年，全球 CDS 名义价值为 9200 亿美元，到 2007 年这一数字上升到 62 万亿美元。

利用 CDO 和 CDS 的概念，金融机构又发明了合成 CDO（Synthetic CDO）。通过对一组 CDO 建立一系列 CDS，金融机构并不需要真正持有这组 CDO，就可以获得同样的现金流，这样就避免了买卖和持有这些 CDO 可能发生的管理成本和风险。到了 2007 年上半年，合成 CDO 的发行量已经超过了非合成的 CDO。到了后来，金融机构可以随意组合各类金融资产建立衍生产品，甚至发明了 CDO 的平方（CDO 的 CDO）乃至 CDO 的 N 次方。

3. 降低信贷门槛

按照明斯基模型，当经济好的时候，银行对未来前景看好，资产价格的不断上涨使信贷风险不断降低，因此银行也更愿意降低信贷标准以扩大业务。在这一轮房价上涨过程中，除了上述的资产证券化之外，直接发放房屋按揭贷款的金融机构也发明了一些新的业务，如可调利率抵押贷款（Adjustable - rate Mortgages，ARM），次级贷款（Sub - prime Loans），资产增值抵押贷款（Mortgage Equity Withdrawal，MEW）等。这些业务不论如何包装，其实质都是降低信贷门槛和标准。

ARM 是指在贷款期限内，允许根据一些事先选定的参考利率指数的变化，对合同利率进行定期调整的抵押贷款。为了吸引客户，信贷发放机构经常将初始利率定得很低①，或开始只要求借款人归还利息，这样借款人就能够借到更大数额的抵押贷款。日后要求支付本金或贷款利率上调时，此类贷款的还款金额将大幅上升，经常使借款人还不起贷款，导致坏账的产生。在房价泡沫破灭之前，美国发放了大量 ARM，这些贷款的利率重新设定期集中在 2009 年和 2010 年。

---

① 这种初始利率俗称为“诱惑利率”（teaser rate）。

次级贷款是指那些放贷给信用品质较差和收入较低的借款人的房地产贷款。次贷在 1994 年的发放额只有 350 亿美元，到 1999 年就达到 1600 亿美元，增长了 3.6 倍。从 2000 ~ 2006 年，年度次贷发放额从 1380 亿美元增长到 6400 亿美元，又增长了 3.6 倍。美国次贷余额在 2006 年底已突破 1.6 万亿美元，占全部房贷余额的比重接近 15%，而这一比重在 2001 年还不到 2%。

MEW 指的是居民以房价净值（房屋市价减去房屋按揭贷款）为抵押获得的贷款，房价越高，房价净值也越高，可贷款额也越高。2005 年和 2006 年美国居民通过 MEW 净得的资金均接近 7000 亿美元①，有力地支撑了美国消费和经济增长。

从上述介绍可以看出，这些业务不论如何包装，其实质都是降低信贷门槛和标准，而且其基础都建立在房价将不断上涨和利率保持低企的假设之上。一旦利率上升、房价下跌，这些业务都会给贷款发放机构带来巨大损失。

（二）技术和理论创新

由于金融衍生产品自身的复杂性，其定价非常困难，在早期曾制约了相关业务的发展。恰逢信息技术蓬勃发展提供了技术手段，美国金融机构开始雇佣大量的数学家和物理学家，试图通过数理方法模拟各类资产的风险和收益以便对其定价。典型的例子包括 1973 年布莱克—斯科尔斯模型解决了期权定价问题，2001 年一位数量分析师使用高斯联结相依函数（Gaussian copula function）解决了 CDO 定价问题。这两个模型的优点在于简洁且适用性强，一经发现之后立即得到广泛使用，并极大地推动了相关金融产品市场的发展。

但是，在资产定价数学化条件下产生的各种模型都存在一个通病，即模型依据的许多假设并不现实，比如说假设交易成本为零，金融市场

① 数据来源：www. wealthscribe. com.

是有效的，投资者是理性的等等。更关键的是这些模型都是用过去的数据来预测未来。问题在于金融市场特别是金融衍生产品的历史很短，在这些数据上建立的模型不可能完全捕捉到未来走势的各种可能性，特别是容易低估极端事件发生的可能性。比如说，美国历史上只出现过地区性的房地产泡沫，从来没有出现过全国性的房地产泡沫。因此，金融机构在构建资产抵押债券的时候就把不同地区的房地产贷款组合在一起，即使一个地区房地产出了问题，也不会导致整个债券的违约。显然，这种做法没有考虑出现全国性房地产泡沫并破灭的可能性。

价格是引导供求关系的信号，定价错误必然会导致供求的错位。例如，上面提到的2001年发明的CDO定价模型是依据CDS历史数据进行计算的。而CDS本身是1997年才发明的，同年也是本轮美国房地产价格上涨的起点，因此其数据必然只反映了房价上涨的情况。按照这种数据给出的CDO定价，必然会高估房价上涨的可能性而低估房价下跌的可能性，导致这种产品的风险溢价过低，信用评级过高，投资者趋之若鹜，造成“虚假繁荣”。一旦房价出乎预料地下跌，很容易导致该产品市场的崩溃和巨额的坏账损失。

（三）组织创新

1. 金融控股公司

《1933年格拉斯—斯蒂格尔法》（Glass - Stegall Act of 1933）禁止美国金融业混业经营。1987年美联储利用该法的一个漏洞开始允许银行控股公司从事证券发行业务。[①]《1994年里格—尼尔州际银行及分行效率法》（Riegle - Neal Interstate Banking and Branching Efficiency Act of 1994）取消了银行跨州经营和设立分行的限制，真正的全国性银行开始产生。《1999年金融服务业现代化法》（Financial Services Modernization Act of 1999）则废除了《1933年格拉斯—斯蒂格尔法》，允许金融业混

① Mishkin（2001），pp. 259。

业经营。这样，银行控股公司就可以升格为金融控股公司，可以从事各种金融业务。

1998 年 4 月，美国第二大银行花旗银行（Citibank）与从事保险业务并拥有美国第三大证券公司的旅行者集团（Travelers Group）合并，改名花旗集团（Citi Group）。花旗集团可以同时提供银行、证券、保险等业务，在 100 多个国家拥有上亿名顾客和 15 万名员工，总资产超过 7000 亿美元，成为全球最大的金融控股公司之一①。

2. 对冲基金和私募基金

对冲基金和私募基金都是通过非公开方式面向少数投资者募集资金而设立的基金，但两者的业务范围不尽相同。对冲基金使用杠杆工具参与各种金融资产的交易，而私募基金的业务以兼并收购和风险投资为主。最早的对冲基金和私募基金可以追溯到 20 世纪 40 年代，但是直到 80 年代，随着金融自由化和长期利率的走低，两者才获得了长足的发展。近年来，对冲基金和私募基金发展迅猛，成为金融市场的主要参与者之一。据估计，2007 年时有 8000 只左右的对冲基金活跃在金融市场上，管理的资产价值约 2 万亿美元。考虑到对冲基金普遍使用金融杠杆，其实际控制的金融资产可能远高于此数。麦肯锡公司在一份研究报告中将对冲基金和私募基金列为影响全球资本市场的四大新兴力量中的两个。②

与其他金融机构相比，对冲基金和私募基金受监管较少，投资策略又比较激进，在过去 30 年美国历次的资产泡沫都能找到他们的身影。如 20 世纪 80 年代的垃圾债券泡沫和杠杆收购热潮，就是由私募基金所主导，90 年代的互联网泡沫更离不开风险投资的贡献，1998 年的长期资本管理公司危机本身就是一个对冲基金造成的。对冲基金更是 CDO 和 CDS 等新型金融衍生产品市场的积极参与者，对 2000 年后房地产市

---

① 当时的合并违反了《1933 年格拉斯—斯蒂格尔法》，但得到了美联储的豁免。见 Mishkin (2001), pp. 260。

② 见 Farrell et. al. (2007)。另外两股力量是石油输出国、亚洲央行。

场泡沫和金融衍生品泛滥推波助澜。据估计，60%的CDS交易以及1/3的CDO交易是由对冲基金完成的。[①]

近年来，受高利润的驱使，传统的商业银行和投资银行也开始“对冲基金化”，或是纷纷成立自己的对冲基金，或是按照对冲基金的运作模式进行自营，使得不受监管的对冲基金活动所产生的风险进一步扩大到了整个金融体系。次贷危机的爆发就是从美国第五大投资银行贝尔斯登旗下两支对冲基金因投资次级债业务亏损而倒闭开始的。但美国政府却由于种种原因，始终未加强对对冲基金的监管。

（四）影响和后果

金融创新的好处是非常明显的，如增加流动性，分散风险，降低交易成本，投资者和消费者得到个性化的产品和服务，导致经济效率和消费者福利的提升。但是，过度的金融创新却有可能带来一系列不利的后果。

首先，金融体系的复杂性显著上升。金融机构利用数量工具任意构建金融衍生产品，使得金融产品的复杂性大大增加，如将一个CDO分解成100多级，或者构建CDO的N次方，这么复杂的产品根本没有人能搞得明白。投资者搞不明白就容易产生欺诈行为，在次贷相关产品的销售中这种情况屡见不鲜。监管当局同样搞不明白，只好相信金融机构的模型是合理的，而且产品越复杂监管成本越高，索性就放弃监管。

金融衍生产品的泛滥也导致交易关系的复杂性显著上升。同样一家金融机构，可能是A产品的销售者，B产品的购买者，C产品的担保者，而且每一个交易可能都使用不同的金融工具。这些产品又被层层地包装、转卖给其他金融机构，其他金融机构则如法炮制，到最后就形成一个超级复杂而又混乱的交易网络。这时候，如果有一家金融机构出问题，很可能会引发连锁反应，导致整个系统的崩溃。过去，美国政府的

① 见Morris（2008），pp.109。

救市原则是“太大而不能倒闭”（too big to fail），即必须挽救资产规模大到足以影响到金融体系稳定性的金融机构。现在则变成“太复杂而不能倒闭”（too complex to fail），1998 年美联储组织营救长期资本管理公司就是用这个理由。

第二，杠杆率提高使得金融体系的脆弱性上升。通过如资产证券化、降低信贷门槛等手段，金融机构不断扩大信用，而且还广泛使用金融衍生品等杠杆工具，使得自身乃至整个金融体系的杠杆率不断提高。1998 年倒闭的美国长期资本管理公司自有资本最高时达到 70 亿美元，却贷款 1250 亿美元，持有的金融产品名义价值超过 1 万亿美元。美国四大投资银行高盛、美林、摩根·斯坦利和雷曼的杠杆率从 2003 年的平均 19 倍上升到 2007 年的 28 倍（吴晓求等，2009）。房利美和房地美的核心资本不到 800 亿美元，却拥有和担保了超过 5 万亿美元的住房抵押债券，杠杆率达到 60 倍。美国最大的保险公司美国国际集团提供了 1 万亿美元的 CDS，杠杆率达到 11 倍，而一般保险公司不超过 4 倍。杠杆率越高，资产价格的轻微下跌就会使金融机构陷入资不抵债的境地。

二、委托代理问题恶化：将风险推向极致

当一个行为主体（委托人）指定或雇佣另一个行为主体（代理人）代表前者利益行使一定决策权的时候，委托代理关系就产生了。如果委托人和代理人的效用函数不一致，就会导致两者的利益冲突。由于存在信息不对称，委托人无法观测到代理人的行为，为了保证代理人能够真正地实现委托人的利益，委托人必须设计最优契约激励代理人。这就是委托代理问题。

委托代理关系起源于“专业化”的存在。而金融业是一个高度专业化的领域，因此委托代理关系广泛存在于金融市场之中。在金融机构与客户之间，金融机构内部的管理层和股东之间，以及专业服务机构与

投资者之间，都普遍存在委托代理关系。鉴于金融服务和产品的虚拟性和复杂性，信息不对称现象在金融业很普遍。过去一段时期，随着管制放松和金融创新，信息不对称问题愈发严重，再加上激励机制设计的不合理，导致委托代理问题日益恶化，金融风险不断放大。

（一）金融机构与投资者之间的委托代理问题

传统的贷款业务都是由商业银行与客户直接接触，详细审核客户资信状况后再发放贷款。由于贷款质量好坏会直接影响银行的利润，银行会一直监控还款风险。资产证券化大行其道之后，商业银行通过按揭经纪人或中介公司寻找贷款客户，然后把各类贷款打包卖给投资银行，投资银行再构建成 CDO，获得信用评级机构评级之后再转卖给其他投资者。

由于资产证券化这条价值链上的激励机制都是以佣金收入为驱动的，链条的各个环节都追求业务量的最大化。按揭经纪人为了拉客户，甚至采用了误导和欺诈手段，即所谓的“掠夺性贷款”（Predatory Lending）行为[①]。对于商业银行来说，由于贷款已经不在的资产负债表上，也不影响银行资本充足率的要求，银行有很强的动机不断发放新的贷款，然后继续将其打包销售。由于风险已经转移，商业银行不再关注贷款质量，甚至会主动降低贷款标准以扩大业务，形成所谓的“道德风险”。投资银行作为中间商，挣的就是佣金，因此也不断地扩大业务规模。2003 年后次级贷款业务之所以发展迅猛，很大原因就是传统优质客户都已经开发完毕，只能向低收入和信用记录不佳群体拓展业务。到了最极端的时候，金融机构甚至开发出“三无”贷款客户（无工作、无收入、无资产）。

由于债券的最终购买者与原始借款者之间的分离，对贷款质量的监督几乎是不可能的。整个信贷链条的分解和拉长，使利益冲突和信息不

① 比如说，诱导客户选择收费最高的产品，而不是对客户最合适的产品。

对称被成倍地放大，委托代理问题十分突出。资产证券化的作用本来是分散和对冲风险，但结果是金融机构的个体风险确实是降低了，而整个金融市场的风险却上升了。

本来在资产证券化这个链条当中，信用评级机构通过提供专业和客观的评估，使投资者能够辨别资产的质量和风险，做出正确的决策，是可以有效解决信息不对称问题的。但在这一轮资产证券化热潮中，评级机构恰好起到了相反的作用。由于他们严重低估了相关债券和衍生产品的风险，使投资者买入了过多的相关产品，增加了整个金融体系的风险。之所以会出现这种结果，很大程度上就是信用评级业务扭曲的激励机制所造成的。

评级机构的收入就是来自于要发行债券的企业或投资银行，而且收费与债券发行量挂钩。此外，评级机构本身还做咨询业务，很多资产证券化和金融衍生品就是他们和投资银行一起设计出来的，利益冲突十分明显。债券发行机构当然希望债券评级越高越好，这样就可以顺利发行而且卖高价，因为很多投资机构按照规定只能买一定信用级别以上的债券。为了做成生意，评级机构或是对风险视而不见，或是帮对方设计产品以便达标，给出很高的评级。问题是，他们的模型都是建立在简化的假设以及不完整的历史数据之上，其结果必然是低估风险。在房地产泡沫最热的时候，许多以次贷为主构建的 CDO 都得到了 AAA 评级。信用评级机构也赚得盘满钵满，来自于资产证券化产品评级服务的收入已经超过了传统的企业债评级服务。如 2002 ~ 2006 年间，三大评级机构之一的穆迪（Moody's）收入增长了 1 倍，股价上升了 2 倍。但最终的买单者是债券的投资者。

（二）金融机构管理者与股东之间的委托代理问题

随着现代企业的兴起，管理权和所有权逐步分离，管理者与股东之间就出现了委托代理问题。过去一段时期，美国的部分企业通过向公司管理层发放股票期权，使管理者间接变成所有者，曾被认为是解决委托代理问题的有效途径。但是在20世纪90年代美国互联网泡沫中，股票期权激励暴露出很多问题，已经充分证明在巨大的短期利益面前，管理层并不会真正顾及股东的长远利益。在这次危机之前，正是由于激励机制和企业治理问题没有得到很好解决，金融机构不断地提升杠杆率，成为资产价格泡沫和金融风险上升的推手。

金融机构的激励机制存在这样几个问题。首先，激励过于短期化。年终奖金占管理层和普通员工的收入大部分，因此收入高低和当期利润以及完成的交易额直接挂钩，促使管理层追求短期效益和业务规模。其次，风险和收入不对称。即使公司亏损了，过去发放的奖金并不追回。而且，如果管理层因为表现不佳被迫离职，还会得到高额的赔偿。在这种情况下，管理层必然会追求高风险高利润的业务，赚钱自己可以拿很多，亏了也不用自己掏腰包。曾经有一种理论认为，由于存在职业经理人市场，经理人为了维护自身的声誉，会对自身的行为有所约束。但事实证明，在资产价格泡沫中，由于扭曲的激励机制可以给经理人带来巨大的短期利益，经理人往往会做出损害股东利益的行为。美国许多大金融机构的负责人在危机前几年获得了巨额奖金，但正是他们的错误，使自己的公司陷入困境。结果他们不但一分钱不用还，而且在他们被解职后还得到了巨额赔偿。这些人显然不需要考虑什么声誉问题。

问题是，股东们为什么对这样的激励机制无所作为呢？这跟美国企业治理失效有很大关系。随着美国的金融深化不断发展，大公司的股权日益分散，一般情况下最大的股东占股比例很少超过总股本的10%，而且最大的股东往往本身都是养老金、共同市场基金等投资机构。小股东没有能力监督管理层，投资机构本身也是由基金管理人管理，他们投得也不是自己的钱，同样存在委托代理问题。在这种情况下，股东对管理层的影响越来越弱，管理层对企业控制力越来越强。董事会本来应该是由股东大会选举出来的，理论上代表股东利益。但实际上，董事会成员经常是由公司管理层挑选的，或是管理层的亲信，或是其他公司的管理层，即“圈内人”。因此，董事会形同虚设，完全成了管理层的橡皮图章。管理层的薪酬是董事会定的，实际上也可以说是管理层自己定的。据美国劳联产联统计，1980年美国大公司CEO的平均收入相当于蓝领工人平均收入的42倍，1990年这一数字达到85倍，而2007年这一比例已经上升到344倍。常常听到美国企业为自己辩护说，如果不发高额奖金，人才就会流失到欧洲、亚洲。但实际上，欧洲大企业高管收入只有美国同行的1/3，日本更低。

（三）代理者对委托者利益的蓄意损害

前述委托代理问题的产生还仅仅是客观行为和制度缺陷造成的，代理者主观上并没有损害委托者的恶意。但很多时候，代理者为了最大限度获取自身利益，往往主观上就会采取损害委托者的利益，并试图用欺骗手段掩盖其主观意图。

实际上，每次资产泡沫和金融危机之后都会暴露出欺诈丑闻。其原因就在于在牛市期间，资产估值不断上涨，而且大多数市场参与者都认为这个过程会持续下去，因此投资者只求高回报而不在意商业道德。金融中介机构、基金经理和公司的首席执行官们愿意承担更大的风险，部分为了满足投资者的需求，部分也是为了便于自己从中获利。如果其收入与业绩挂钩，部分人就会采取不正当的手段提升自己的业绩表现。有利的市场条件可以掩盖这种行为甚至允许它延续下去，但是一旦市场的趋势逆转，所有丑行就会暴露出来。

20世纪80年代垃圾债券泡沫中内幕交易盛行，泡沫破灭后倒下了德崇证券（Drexel Burnham Lambert），债券大王Mike Milken和Ivan Boesky进了监狱。20世纪90年代互联网泡沫中则流行做假账，泡沫破灭之后倒下了安然、世通和安达信，部分公司的高层纷纷进监狱。2008年的美国金融危机如果真是一次“百年不遇”的金融危机，那这次也不会例外。

2010年4月美国证券交易委员会（SEC）指控高盛集团及其一位副总裁欺骗投资者，在一项与次贷有关金融产品的重要事实问题上向投资者提供虚假陈述或加以隐瞒。2007 年初高盛公司销售了一款基于房地产抵押债券的 CDO，但并没有向投资者披露华尔街一家对冲基金约翰·保尔森公司沽空了该产品，而且 CDO 中的房地产债券都是由该公司选择的。

因为“欺诈门”事件，高盛集团处于风雨飘摇之中。英国首相称华尔街已经“道德破产”，而由于德国工业银行曾购买该产品并亏损了 1.5 亿美元，德国政府也在研究是否起诉高盛。令人出乎意料的是，有美国“股神”之称的巴菲特最近力挺高盛公司，多少为其高盛挽回了一点声誉。毕竟，除了“股神”的名头之外，巴菲特一向被认为是正直诚实之人，而且长期批评华尔街及美国企业界的一些不良行为。我们可以通过这一案例来说明美国金融业存在的委托代理问题。

巴菲特认为，交易对手是谁不重要，这些产品是谁挑选的也不重要，关键是投资者作为买家没有认真研究这些产品的风险，何况这些买家也是业内机构，是所谓的“成熟”投资者（Sophisticated Investor），自己没有做好尽职调查，赌输了钱怎么能怪别人呢？听起来似乎很有道理，连美国左派的堡垒、一向批评华尔街的《纽约时报》都认为巴菲特说的有一定道理。

可问题是投资者并不知道有人在做空这个产品，也就是说根本不知道交易对手的存在，因此也就谈不上交易对手是谁的问题。有没有交易对手，交易对手是谁，是两个不同层次的问题，先回答了第一个问题，才会有第二个问题。而巴菲特为高盛的辩护完全回避了第一个问题。

我们先来看第一个问题，有人做空这个产品而且产品是由做空者设计的，这条信息对买家重不重要？设身处地的想一想，如果某银行向张三推销某种理财产品，经过认真研究张三决定购买，可这时候银行告诉他，这个产品有人不看好，要做空，而且这个产品就是做空者设计的，你说张三听到这个信息后会不会重新考虑他的投资？即使他本身很专业、很认真，但如果听到这个消息，他肯定会想，是不是对方有什么自己没有掌握的情况和信息？是不是自己的判断有问题？也许就因此不买了，或者少买一点，即使最后真的错了损失也会小一点。因此，第一个问题很重要。

在已经知道有人做空且产品由对方设计的情况下，那么第二个问题是谁在做空重不重要？如果是在期货市场交易，合约是标准的，结算是交易所完成，交易对手是谁当然不重要。问题是，这些 CDO 等金融衍生产品是柜台交易，相当于是对赌，而且产品由对方设计，那么交易对手是谁当然重要。最起码有信用风险（Credit Risk），就是说，有如果赌赢了但对方拿不出钱来的风险。

回到我们刚才那个假设的场景，如果银行告诉张三，有人要做空他买的理财产品，正常人的反应肯定要问，是谁做空？如果是一个像巴菲特这样的高手，张三很可能就不买了，因为他相信对方的判断肯定比自己准确，说不定还想跟着对方一起做空呢。如果对方只是一个普通投资者，比如说是张三的邻居李四，张三一听就李四那水平肯定没戏，说不定还会加大投资力度。因此，能说交易对手是谁不重要吗？

在危机爆发前，保尔森公司只是华尔街众多对冲基金的普通一员，也许当时高盛把实际情况告诉买家，投资者可能依然会继续购买相关产品，但是他也可能不买，或者少买。关键问题是，保尔森公司在做空而且产品由其设计这个信息会不会实质性地影响买家的决定，这个只能由买家自己来判断，而不是由高盛公司这样的中间人说了算。

巴菲特另一个为高盛辩护的理由，就是该笔交易的投资者是所谓的“成熟投资者”，应该有能力判断一个产品的风险。“成熟投资者”指的是具有相当资产、且拥有一定投资经验的投资者，显然这些投资者比普通的投资者应该更具有辨别和承受风险的能力。当有人提出为保护投资者利益需要加强监管对冲基金的时候，华尔街也总是以对冲基金的投资者都是“成熟投资者”这个理由来反对。

这种理由实际上是站不住脚的。首先，华尔街为这些成熟投资者提供的金融产品的复杂性远远超过一般的金融产品，既然普通投资者投资一般的金融产品都需要监管，那么成熟投资者投资复杂的金融产品为什么不需要监管呢？前面已经介绍过，华尔街和对冲基金雇佣大批数学家、物理学家和经济学家设计出复杂的定价模型和金融产品，并美其名曰“金融创新”，那么能搞得懂的人必然是少数，即使是机构投资者也未必搞得明白，往往是只能相信推销者的说辞。

其次，许多复杂金融产品实际上已经间接地销售给“非成熟投资者了”。许多机构投资者，如养老基金和共同市场基金，本身是众多中小投资者拥有的，但这些机构近年来也投资复杂金融产品和对冲基金，等于是中小投资者的间接投资。为了获得更高的利润或佣金收入，许多复杂金融产品甚至直接销售给一般投资者。由于这些产品非常复杂，为了能够顺利销售，销售人员往往会采取欺诈手段，如强调产品风险很小，回报却很高等等。这些投资在危机爆发后给普通投资者带来巨大损失，投资者最后只能通过法律手段来维护自己的权益。如危机爆发后美国出现的“雷曼债券”和我国香港地区出现“累股权证”诉讼案等等。

卖有毒金融资产和卖有毒食品没有本质上的区别。正因为存在信息不对称，所以才需要政府出面来监管。在资本市场保护投资者利益与在商品市场保护消费者利益的道理是一样的。所以说，反对监管的理由是站不住脚的。

巴菲特还力挺高盛的现任 CEO 劳埃德·布兰克费恩（Lloyd Blankfein），认为他对高盛公司做出了很大贡献。巴菲特的副手查理·芒格（Charlie Munger）说得更直白：我们希望看到很多美国公司的 CEO 下台，但劳埃德·布兰克费恩不在其列。这种辩护的思路同样很成问题。

经济学一般都假设，公司的目标是利润最大化。从表面上看，高盛公司在华尔街业绩最突出，甚至因为不看好房地产市场而提前做空，在金融危机中也大赚特赚，因此可以说高盛管理层很好地完成了为股东实现利润最大化的任务，值得赞扬，虽然他们从中也获得了很高的奖金，但那是他们应得的。

但需要注意的是，利润最大化指的是公司长期和总体的利润最大化，而不是某一个时期或某一个股东利润的最大化。如果公司管理层采取的一些经营措施比如说采取过度冒险甚至非法的策略，在某一个阶段为当时的股东创造了巨大的效益，但过一段时期却导致公司亏损甚至倒闭，这种行为显然没有为公司实现长期的利润最大化。

现在的问题就是，管理层的任期和股东的投资期都是有限的，他们往往只在乎当期利润的最大化，结果往往会损害公司的长远利益。这就是美国当前企业治理中委托代理问题恶化的实质。

委托代理问题恶化的后果就是，金融创新一定会过度，风险一定会被持续放大，直到危机爆发为止。

三、金融监管缺位：危机不可避免

由于信息不对称问题的存在，为了保护投资者利益和维护金融系统的稳定，金融业在任何国家都是监管最多的行业之一。此次金融危机表明，美国政府的监管是非常失败的，没有实现金融监管的最基本目标。具体表现在以下几点。

（一）未能有效监管新生金融衍生产品

最突出的问题是没能将信用违约调期（CDS）纳入监管范围。首先，CDS 实质上是提供保险，但却不需要像保险业务那样接受监管。例如，保险公司需要持有一定准备金以应对索赔，而 CDS 的卖家不需要；CDS 需要按照“盯市”（Mark to Market）会计准则入账，这样易导致公司资产负债表的大幅波动，而保险合同不用；一般保险买家都需要拥有被保险的资产，而 CDS 买家不需要，因此会造成 CDS 过度的发行和购买。其次，CDS 本身变成交易工具，但却不像期权或期货那样在公开市场进行交易，没有任何监管，容易造成信息不透明和市场操纵，导致交易对手风险和流动性风险。

众所周知，雷曼兄弟的倒闭是此次金融危机的导火索。该公司的倒闭给整个金融市场带来了混乱，特别是 CDS 市场。据估计，雷曼是全球十大 CDS 交易商之一，该公司的倒闭会使大量的 CDS 合约作废，给交易对手造成巨额损失。但由于相关信息没有披露，金融市场并不知道其交易对手是谁，拥有多少合约。因此，雷曼的倒闭引发了连锁反应，下一个出问题的就是美国国际集团（AIG）。

AIG 是全球最大的保险公司，但是在过去几年却偏离了主营保险业务，成为最大的 CDS 合约发行和担保者。次贷危机爆发之后，这些 CDS 已经产生了很大损失。雷曼倒闭之后，持有雷曼债券并购买了相关 CDS 的金融机构需要向 CDS 的发行者 AIG 索赔，索赔金额足以使 AIG 破产。如果 AIG 不还钱，可能又会引发这些金融机构的倒闭。最后，美国政府向 AIG 提供了 1250 亿美元的信用额度，其中 1000 亿美元被用来支付给其他金融机构做赔偿或保证金。

雷曼倒闭一个月后，所有购买了对冲雷曼倒闭风险的 CDS 合约的机构进行了集中结算。原来曾预计结算金额可能高达 1000 亿 ~ 4000 亿美元，但由于金融机构彼此之间大量的交易相互抵消，最后实际产生的结算净额只有 52 亿美元。这充分说明，如果 CDS 能向商品期货那样在公开的交易所进行交易和结算，并接受相应地监管，CDS 可能就不会发展成为足以动摇整个金融体系的“大规模杀伤性武器”。

（二）未能有效监管非银行金融机构

金融创新和金融深化使得越来越多的资金不是以储蓄的形式存放在商业银行，而是以投资的形式出现在非银行金融机构的账户上。而随着资产证券化以及金融衍生产品的大发展，越来越多的借贷活动通过非银行金融机构进行，即使商业银行自身也可以通过表外业务从事借贷业务，这样就形成了所谓的“影子银行体系”。影子银行体系的存贷业务不像商业银行那样受到监管，既没有资本充足率的要求，也没有类似存款保险的安排。在杠杆率很高的情况下，一旦资产价格下跌导致金融机构出现损失，一样可以引发“挤兑”行为，导致金融恐慌和危机。据估计，在次贷危机爆发前，受监管的借贷活动只占全部借贷活动的1/4左右，而20年前这一数字是80%（Morris，2008）。在这种情况下，即使监管当局把传统银行业务监管得再好，影子银行体系出现的问题也足以导致金融危机。

由于资产证券化使得商业银行的很大一部分信贷风险转移给了投资银行，因此在此次美国金融危机当中，受房地产泡沫破灭冲击最大的是投资银行，而不是传统的商业银行，这是和以往类似危机截然不同的地方。美国五大投资银行中，雷曼倒闭，贝尔斯登被JP摩根收购，美林被美国银行收购，仅存的高盛和摩根斯坦利转化为商业银行，独立的投资银行不复存在。而美国的四大商业银行当中，JP摩根和美国银行自身业务非常稳健，美国银行接受政府救助完全是受美林的亏损拖累，富国银行接受政府资金主要是为了提高资本充足率。唯一出问题的是花旗集团。

金融创新和扭曲的激励机制使得投资银行在过去一段时期高速发展，在整个金融体系中扮演着越来越重要的角色。雷曼的倒闭引爆了金融危机，而按资产规模计算，高盛和摩根斯坦利转化为商业银行后立即就成为美国第五和第六大银行。投资银行的地位举足轻重，却没有得到有效的监管，而且是20世纪90年代以来管制放松最大的受益者。美国的商业银行所受的监管要严格的多，主要的管制放松出现在20世纪80年代，而且在拉美债务危机和储贷协会危机之后，对银行资本充足率的要求反而有所加强。除此之外，对冲基金在金融市场中的地位也愈发重要，1998年长期资本管理公司的倒闭曾差一点引发金融危机。在这种情况下，美国政府依然拒绝对对冲基金实行监管。上述事实说明，监管的缺失很大程度上是美国政府监管意愿的缺失。

（三）监管意愿的缺失

过去30年，自由放任的经济思想在美国等西方国家占据了主导地位，市场的力量被神化，管制不断地放松。回顾美国大萧条以来的历史可以发现，经济思潮在自由主义和国家干预主义之间出现过数次长达30年的更替期。在大萧条之前，新古典经济学占据主导地位，相信市场完美有效，能够自动实现资源最佳配置，不需要政府实行干预。但是大萧条的出现打破了市场的神话，经济不断恶化却始终无法见底，给经济和社会发展造成巨大破坏。美国罗斯福政府上台后开始实施强有力的国家干预，挽救了经济。同时，凯恩斯提出有效需求管理理论，主张政府干预以实现充分就业。在微观层面，为了避免危机的重演，美国政府加强了对金融业的监管。二战爆发后，美国政府对经济的管理和控制能力有所加强，而战争创造的巨大需求使得美国实现了充分就业，彻底走出大萧条。在战争结束之后，政府继续奉行积极的国家干预政策，不论是在宏观管理还是产业规制方面。由于20世纪50年代和60年代西方国家迎来了历史上最好的增长期，以凯恩斯主义为代表的国家干预主义大行其道。自由主义大师弗里德曼也不由得不叹息道："现在我们都是凯恩斯主义者"。

但是过度的干预在微观经济层面抑制了企业的活力，在宏观经济层面则增加了通胀的压力。到了20世纪70年代，西方国家普遍出现"滞胀"问题，凯恩斯理论对此一筹莫展。从20世纪80年代起，以美英为代表的"盎格鲁—撒克逊"发达国家[①]开始放弃国家干预，重拾自由放任的经济理念，减少对经济的干预。货币主义、理性预期、有效市场等学说的产生则为上述转变提供了理论支撑。到了20世纪90年代，苏联解体和冷战结束被视为是市场经济战胜了计划经济，而信奉自由放任主义的"盎格鲁—撒克逊"发达国家的经济表现远远好过对经济干预程度相对较高的欧洲大陆国家和日本，因此市场的力量再度被神化。美国不仅自己不断放松管制，而且还积极把自由主义的经济理念输出到国外。

① 即讲英语的发达国家，包括北美的美国和加拿大，西欧的英国和爱尔兰，大洋洲的澳大利亚和新西兰。

在这种大的背景和趋势下，政府对金融监管根本没有加强的主观意愿。对于金融创新只看到其积极的一面，即使看到风险，也认为企业、居民和金融机构会把自己的事情管好，不需要政府来操心。例如，格林斯潘认为，次级抵押贷款使得许多穷人和少数族裔第一次成为房屋拥有者，这样十分有利于社会稳定。尽管降低贷款标准可能会给金融机构带来风险，但这种风险是值得冒的（Greenspan，2005）。对于美国家庭和企业负债率以及金融机构杠杆率的上升，格林斯潘认为是技术进步、分工和专业化的结果，而不是风险偏好的上升。虽然他认为杠杆率过快上升会引发危机，但他不知道拐点在哪里，而且应相信居民和企业管理自身金融事务的能力（Greenspan，2005）。美联储是承担着维护金融稳定的重任，但其负责人对待金融风险是这样的态度，美国政府对加强监管的主动性就可想而知了。

但实际上，在过去30年中，美国曾出现多次金融风险和局部性危机。1982年拉美债务危机使数家美国大银行濒临倒闭；20世纪90年代初商业地产泡沫破灭引发了储蓄贷款协会危机，美国政府动用了3000亿美元来挽救这一行业；1998年长期资本管理公司（LTCM）的倒闭差一点导致整个金融系统的崩溃，美联储不得不组织营救。在LTCM危机之后，美国政府专门成立了"总统金融市场工作小组"（President Working Group on Financial Markets），目的是从中吸取教训，防止下一次危机发生。但该工作小组最后的总结报告却认为，金融机构对股东的责任心足以使他们做好自身的风险防范，同时也会监督交易对手的风险，因此只要市场自律就可以避免系统性风险的产生，不需要加强监管。

如果说政府真的那么相信市场力量，那么在出问题的时候也不应该干预，这样起码可以让金融市场形成一个正确的风险和收益预期。但实际上每次出了问题，美国政府又毫不犹豫地出手援助。这种不对称的激励机制引发了强烈的道德风险，进一步纵容了金融机构和投资者的冒险行为。出现这样矛盾的局面，除了监管当局的理念偏差之外，监管

"捕获"也是一个重要原因。

过去30年来，美国金融业在美国经济中的地位日益重要，对美国政府的影响也与日俱增。金融业就业人数不到美国非农就业总数的5%，创造的增加值仅占美国GDP总量的8%，但2007年金融业利润占到了美国国内企业利润总额的30%，而1982年这一比例只有16%。随着美国的经济走上了负债增长的模式，金融业就肩负着吸收全世界资金的重任。因此必须打破金融业束缚，降低监管水平，才能提升美国金融业的"竞争力"和资本市场的吸引力。在金融业的不断游说下，美国金融监管越来越松。2003年安然公司丑闻爆发之后，美国出台了旨在规范上市公司运作《萨班尼斯、奥克斯利法案》。美国金融界一直攻击该法案损害了美国金融业的竞争力，纽约有丧失世界金融中心的风险。这种攻击直到次贷危机爆发才停止。2007年德国提出加强监管全球对冲基金业，但被美国所拒绝，原因就在于大多数对冲基金的基地在美国。

此外，美国的金融机构和监管部门还存在所谓"旋转门"机制。一方面，美国很多财经部门高官都是由商界特别是金融界人士担任；另一方面，很多监管部门的中、低层工作人员都希望将来去待遇更高的华尔街工作。在这样的情况下，很难保证监管部门的独立性与公正性，而往往监管者和被监管者相互勾结起来，形成一个统一的利益集团。这一点在美国证券交易委员会和纽约股票交易所身上表现得特别明显。这两个机构基本上是代表大型投资银行和对冲基金的利益，不断地放松监管，大大地纵容了证券市场投机活动。像麦多夫案件早就被人多次举报，证监会一直不采取实质行动，其他类似的案例非常多。

（四）监管体制的缺陷

经过150多年的发展，美国金融业形成了"双重多头"、分业监管的管制模式。"双重"指的是联邦政府和州政府对金融机构均负有监管责任，"多头"指的是同一业务有多个监管部门，分业监管指的是不同的金融服务有不同的行业监管部门。比如说，商业银行就有四个监管部门，美联储、财政部下属的货币监理署（OCC）、储蓄管理局（OTS）、联邦存款保险公司（FDIC），而州立银行还要接受州政府监管；证券市场和业务由美国证券交易委员会（SEC）监管；期货市场和业务由美国商品期货交易委员会（CFTC）负责监管；而保险业务主要是州政府负责监管，联邦政府基本不参与。

这样的金融监管体制定型于20世纪30年代大萧条之后，多年来没有发生显著变动。而过去30年来金融市场发生了巨大的变化，管制放松造就了许多从事各项金融业务、相互之间存在复杂交易关系的大型金融企业，许多未受监管的金融机构和产品已经发展到足以动摇金融系统稳定性的程度。这些变化是美国现行的这种分散、复杂的监管体制难以适应的。首先，多头管理会造成协调困难。一家从事混业经营的金融控股公司可能要同时面临银行、证券、保险行业在联邦和州政府层面十几个机构的监管。由于监管的范围和要求不尽相同，信息也不完全共享，容易造成扯皮，也使金融机构可以进行监管套利（Regulation Arbitrage），实际上降低了监管的效力。其次，容易形成监管盲点。像信用违约调期（CDS）等场外交易的金融衍生产品没有监管，而且也不知道应该按保险业务还是期权来监管。对冲基金也处于监管范围之外。最严重的是，没有哪一家机构明确负责整个金融系统风险的监管。尽管美联储和财政部都负有维护金融稳定的职责，但两者均把注意力主要放在商业银行的监管上，而对其他“系统性重要”（Systematically Important）的金融机构如投资银行、保险公司等不承担监管义务。而这次危机恰恰是投资银行问题最大，保险公司和商业银行也都出了问题。事实证明，随着金融业的不断发展，需要建立一个统一金融监管和协调模式。部分西方国家在过去一段时期已经这样做了，如英国在1997年就成立了金融服务局（FSA），作为英国金融业唯一监管机构负责综合性金融监管。

但是金融监管模式的缺陷并不是导致此次危机的原因，如果没有监管的意愿，监管模式再先进也没有用。英国虽然成立了统一的监管机构，也并没有避免危机的爆发和冲击。美国之所以长期没有改革自身的监管模式，归根结底是认为金融业发展态势很好，根本没有改革的必要。相反，如果有监管的意愿，哪怕监管模式落后，也就是降低了监管的效率，可能会提升企业的成本，但对于限制金融机构的投机和资产价格泡沫的发展肯定是能起到作用的。

例如，美国参议院的一个调查委员会最近发现，在金融危机中倒闭的美国第六大商业银行——华盛顿互惠银行（Washington Mutual）曾是美国次贷市场的主要参与者，但美国监管当局没能有效阻止其冒险行为，主要原因就在于监管者和被监管对象存在严重的利益冲突，而不同监管机构之间的矛盾也是监管失败的重要原因。该行的主要监管机构是财政部下属的储蓄管理局（OTS），其资金主要来自于其监管的银行，其中华盛顿互惠银行占了 OTS 预算的 12% ~15%，两者关系十分密切。因此，尽管早在 2002 年 OTS 就已经发现该行存在很多问题，但一直没有采取强制性措施，而是指望该行自愿整改。而另一个监管者联邦存款保险公司（FDIC）也认为，华盛顿互惠银行的经营有问题，并要求 OTS 采取措施，但 OTS 阻挠 FDIC 对华盛顿互惠银行进行审查。此外，OTS 本身的监管能力建设也比较滞后，缺乏足够的经验和技术，监管华盛顿互惠银行这样复杂大型的金融机构。正因为如此，OTS 的监管可能是银行监管机构中最薄弱的，导致更多的银行愿意选择 OTS 作为首要的监管者。上述事例充分暴露出美国监管体系的缺陷和监管意愿的缺失。

（五）政府要为危机的形成负主要责任

随着金融创新过度发展，委托代理问题日益恶化，金融系统内部的风险在不断累积。而负责金融稳定的监管当局却一直没有采取积极有效的措施，或是对问题视而不见，或是鼓励和纵容，致使问题愈演愈烈。尽管危机是由一系列因素共同作用形成的，但金融监管当局应承担主要责任。首先，在第三章已经分析过，货币当局在泡沫形成的过程中有不可推卸的责任。其次，管制放松和金融创新本身没有错，但管制放松不表示不监管，金融创新出现了新的业务和组织形式，金融监管也必须跟着做相应调整。第三，逐利是企业的天性，金融机构为了自身或者个人的利益，想方设法突破监管，或利用信息不对称损害股东、投资者的利益，这是完全可以预期的。企业作为个体只需要对自身负责，但由于一些大型金融机构的行为可能会产生系统性影响，监管当局维护整个金融体系稳定是义不容辞的。危机爆发后，很多媒体都抨击华尔街的贪婪。问题是，人类什么时候不贪婪呢？关键在于建立一个什么样的制度防止个人和企业的贪婪演变成一场损害整个经济的危机，这个责任在政府。最后，在过去30年中，美国已经经历了多次资产泡沫或是局部性金融危机，很多问题已经暴露过。特别在多次挽救金融机构之后，形成了强烈的道德风险，但是监管当局没有采取针对性和有效的措施。在这样的环境下，危机爆发是不可避免的。

第五章

美国金融危机的演进历程

一、泡沫的形成和风险的集聚

根据明斯基的分析，危机往往始于"错位"（displacement），即对宏观经济体系的外部冲击。从前面的分析可以看出，在本次美国金融危机之前，正向的外部冲击主要来自两方面：一是良好的经济增长态势和宽松的宏观政策环境；二是金融创新和资产证券化推动了房地产市场的繁荣和信用扩张。

为了应对 2000 年互联网泡沫破裂造成的经济衰退，美联储于 2001 年 1 月 3 日宣布降息。2001 年发生的"9.11"恐怖袭击沉重打击美国消费者信心，进一步推动美国放松银根。联邦基金隔夜拆借利率从 2000 年 11 月的 6.51%一路降至 2003 年 7 月的 1.01%，并一直保持到 2004 年 6 月 30 日。

美联储货币扩张的直接后果是美国的住房抵押贷款利率一路走低，从而促进了住房抵押贷款的快速增长。从图 5.1 可见，从 2000 年 11 月到 2003 年 7 月，美国 1 年后利率可调整房贷、15 年固定利率房贷、30 年固定利率房贷的利率均随联邦基金隔夜拆借利率同步走低。从图 5.2 可见，从 2001 ~ 2006 年，美国独栋别墅住宅抵押贷款余额连续 6 年保持两位数的增长率，2006 年余额达到 10.4 万亿美元，比 2000 年的 5.1 万亿美元翻了 1 倍还多。

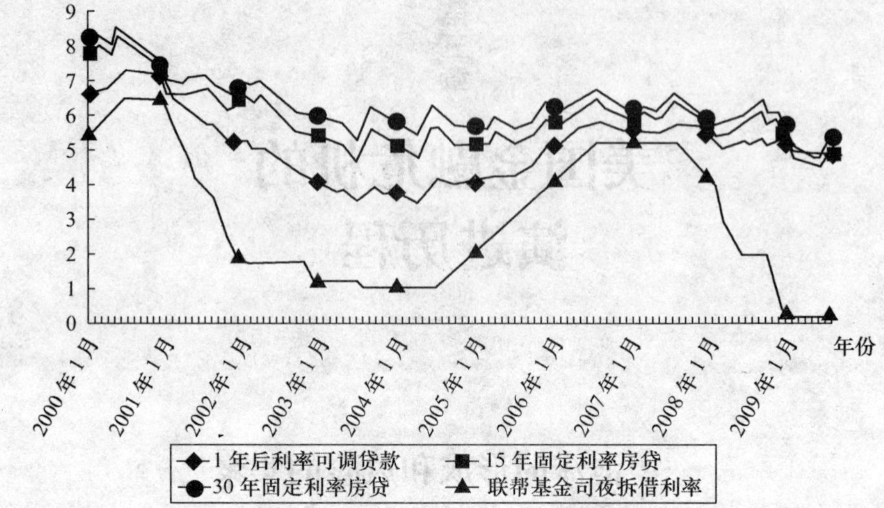

图 5.1　美联储降息导致房贷利率下降

资料来源：房地美公司网站。

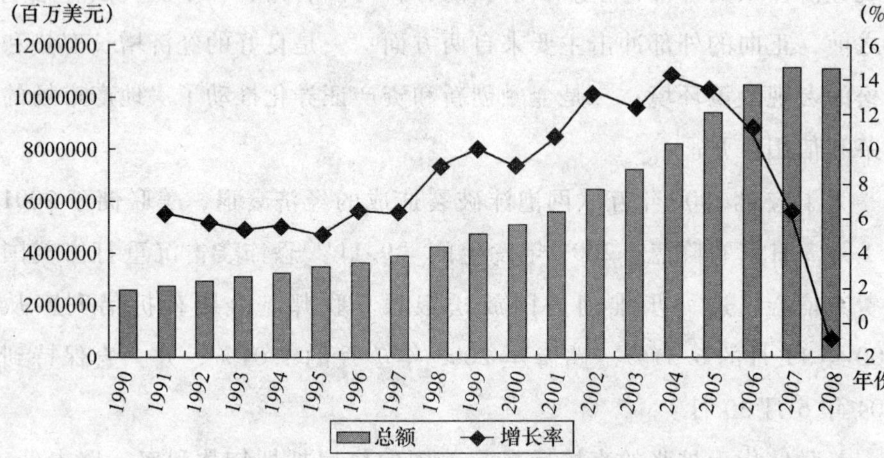

图 5.2　美国独栋别墅住宅抵押贷款余额

资料来源：美国联邦房地产企业监管办公室（OFHEO）。

2001 年以来，美国住宅抵押贷款高速增长，除了利率走低的因素之外，另一个重要的原因就是金融管制放松，导致次级房贷业务繁荣。

美国的住宅抵押贷款市场大致可以分为三个层次：

第一层次是优质贷款（Prime loan），它面向信用等级高（信用分数在660分以上）、收入稳定可靠、债务负担合理的优良客户，这些人主要是选用最为传统的30年或15年固定利率按揭贷款，较少采用较为复杂的创新按揭工具。

第二层次是次优级贷款（Alt－A loan），这种贷款的对象既包括信用分数在620～660之间的主流阶层，也包括少部分分数高于660的高信用度客户。

第三层次是次级贷款（Sub－prime loan），主要贷给信用分数低于620分、收入证明缺失、负债较重的人。

这三个层次的贷款市场中，优质市场的贷款人通常还款能力较强，采取较长贷款期限的固定利率贷款，而Alt－A和次级债的贷款人则还款能力较弱，往往选择更复杂、基于风险定价的按揭贷款工具。

1980年美国国会为鼓励房贷机构向低收入家庭发放抵押贷款，通过了《存款机构放松管制和货币控制法》（The Depository Institutions Deregulation and Monetary Control Act of 1980）。该法取消了抵押贷款的利率传统上限，允许房贷机构以高利率、高费率向低收入者放贷，以补偿房贷机构的放贷风险。

1982年国会通过了《可选择抵押交易平价法》（Alternative Mortgage Transaction Parity Act of 1982），允许房贷机构采用浮动利率放贷和气球式支付（Balloon Payments）。

1986年通过的《税改法》（Tax Reform Act of 1986，TRA）取消了对消费信贷利息的所得税扣减，但保留了抵押贷款的利息扣减，为鼓励消费信贷向抵押信贷的转向创造了法律环境。

1994年通过的《住房所有权和房产价值保护法》（The Home Ownership and Equity Protection Act of 1994，HOEPA）对抵押贷款利率和借贷关系作了进一步规范，明确高成本抵押定义为年利率超过同期限国债收益率8个百分点的抵押贷款。

上述一系列法案的通过，为次级房地产贷款的大发展创造了条件。从图 5. 3 可见，次贷在 1994 年的发放额只有 350 亿美元，到 1999 年就达到 1600 亿美元，增长了 3. 6 倍。2000 年美联储的加息政策曾短暂地抑制了次贷市场的发展，当年的次贷发放额略有下降，但是美联储从 2001 年开始的持续降息，使次贷市场再度急剧膨胀。从 2000 ~ 2006 年，年度次贷发放额从 1380 亿美元增长到 6400 亿美元，又增长了 3. 6 倍。美国次贷余额在 2006 年底已突破 1. 6 万亿美元，占全部房贷总余额的比重接近 15%，而这一比重在 2001 年还不到 2%。

图 5. 3　美国次贷发放额

资料来源：Inside Mortgage Finance，2008。

美联储的长期低利率政策导致了房贷利率的持续走低。次级贷款业务的空前繁荣又提供了充裕的资金来源。这两个因素极大地刺激了购房需求，导致美国房地产市场出现了前所未有的繁荣。根据耶鲁大学经济学家 Robert J. Shiller（Case - Shiller 房价指数的两名创立者之一）绘制的图表，美国的实际房价从 1997 ~ 2006 年持续上涨，涨幅高达 83%，远远超过此前任何一次繁荣时期。在这次的房地产投资高潮中，美国家庭的房产拥有率从 1995 年的 64% 左右一路上升到 2006 年的 69%。

在房价不断上涨的情况下，即使借款人到期无力偿付本息，也可以通过出售房产或再融资来偿还债务。既然借款人的违约风险看起来很小，房贷发放机构便不再关注借款人的信用等级和还款能力，而是不断创造新的贷款形式，以便吸引更多的低收入人群进行贷款。另一方面，既然短期内还款压力很小，长期看还可以通过房价上涨实现再融资或直接转手获利，利用次级贷款进行房地产投机的借款人也越来越多。就这样，次级房贷的大量发放推动了房价的不断上涨，而房价上涨反过来又促进了次级房贷市场的进一步扩张。

在美国房地产市场持续繁荣的前提下，相关金融衍生品交易能获得高额的利润。在市场利率长期处于低位的情况下，这种高利润的诱惑力就显得更大。因此，商业银行、投资银行、证券公司、财务公司、养老基金、对冲基金、私募股权基金、保险公司等几乎所有类型的金融机构都积极参与到了相关产品的交易中（参见图 5.4）。由此，房地产市场的泡沫通过金融衍生品这个桥梁形成了信用扩张，房贷的违约风险本来只是由房贷发放机构承担，但是现在则大面积地扩散到整个金融体系并蔓延到国外（参见图 5.5）。

在房价不断上涨的情况下，相关金融衍生品交易几乎稳赚不赔，这就促使金融机构倾尽全力地提高杠杆率，通过借贷经营来放大利润率，从而使信用扩张发展到近乎疯狂的程度。

在各种类型的金融机构中，对冲基金的杠杆率最高，最高时接近 70 倍，这就是说，在每 100 美元的资产中有 98.5 美元都是借入的资金。雷曼、高盛、美林这三家投资银行在 2007 年的杠杆率都超过了 25 倍，雷曼甚至超过了 30 倍。商业银行的杠杆率更低一些，但汇丰银行的杠杆率也从 2004 年的 13 倍左右上升到 2007 年的 17 倍左右。摩根大通和美洲银行也在 10 倍以上。在如此之高的杠杆率面前，次级债价格的微小上涨就会带来巨额的利润，但是反过来，其价格的微小下跌就足以造成金融机构的资不抵债。

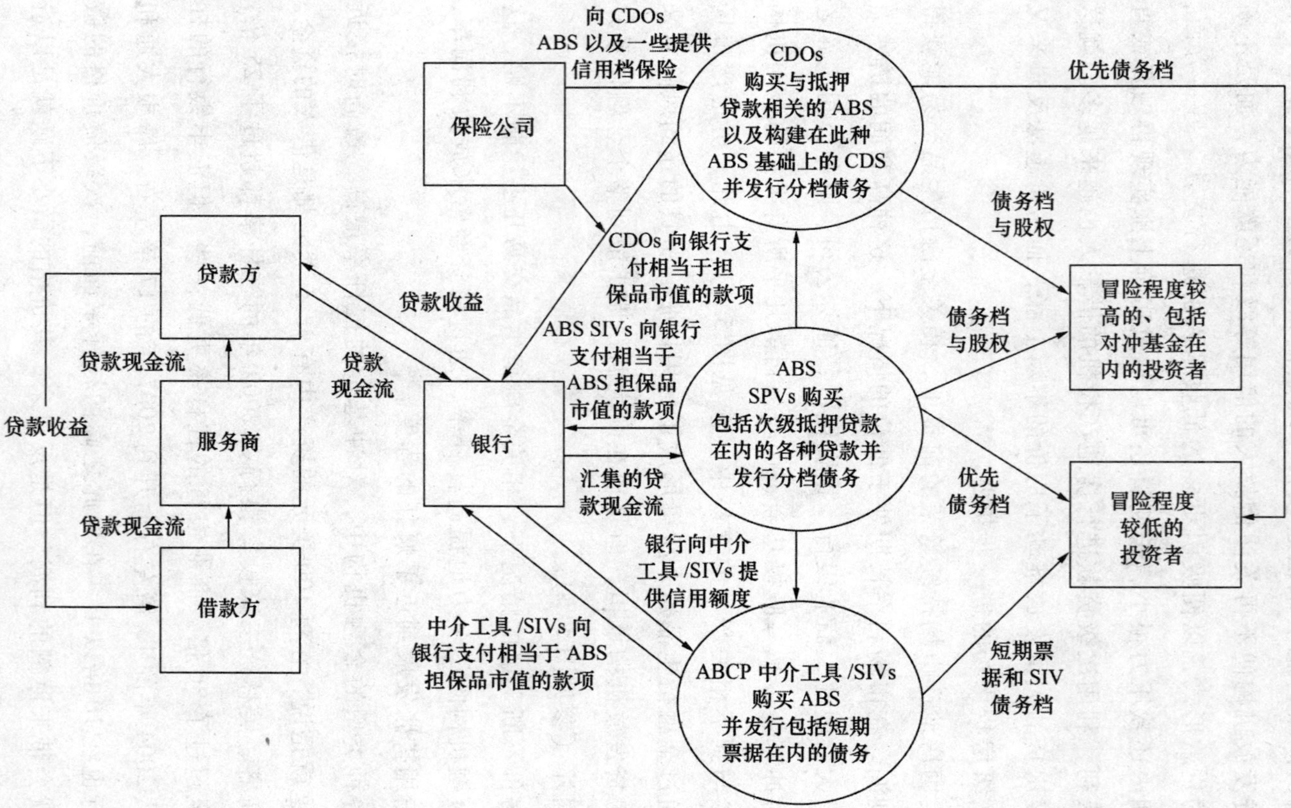

图 5.4　抵押贷款市场流量与风险暴露程度

资料来源：IMF:《全球金融稳定报告——金融市场动荡：起因、后果和政策》,2007 年 10 月。

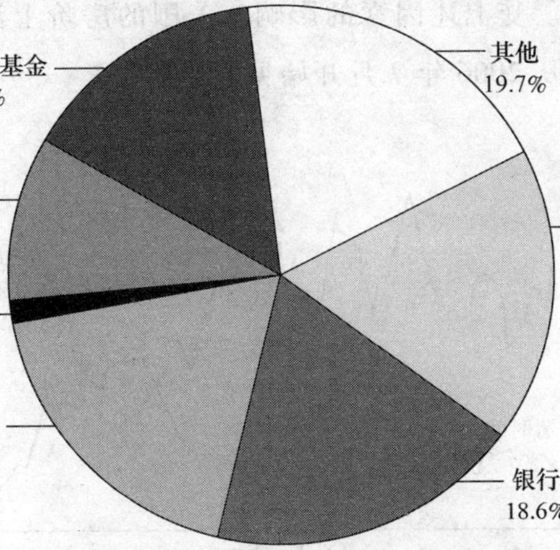

图 5.5　投资于次级债的一级市场投资者

资料来源：IMF《全球金融稳定报告——金融压力和去杠杆化：宏观金融影响和政策》，2008 年 10 月。

二、次贷危机显现

(一) 加息导致房地产市场降温

由于流动性泛滥导致经济过热，通货膨胀抬头，美联储从 2004 年 6 月起进入加息周期。经过 17 次加息，联邦基金隔夜拆借利率在 2006 年 6 月达到 5.25% 的高点。同期房贷利率也随之走高，1 年后利率可调整房贷的利率从 3.4% 提高到 5.8%，15 年固定利率房贷和 30 年固定利率房贷的利率分别从 4.7% 和 5.5% 提高到 6.4% 和 6.7%。在利率不断上升的压力下，住宅抵押贷款的增长从 2005 年开始减速，而且幅度不断加大。从图 5.2 可见，2004 ~ 2007 年这四年的住宅抵押贷款余额的增长率分别为 14.4%、13.4%、11.3% 和 6.6%。随之而来的就是房地产销售业绩的下滑。从图 5.6 可见，美国成屋的销售从 2005 年下半年开始减速，并在 2006 年初陷入负增长。与此同时，成屋存货出清时间则大幅度攀升。受上述因素的影响，美国的房价上涨势头从 2005 年底明显趋缓，并从 2006 年 7 月开始见顶回落。

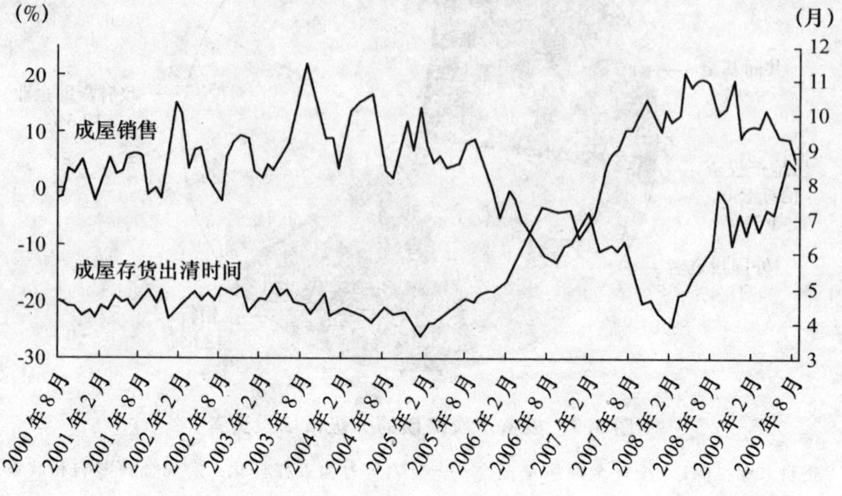

图 5.6　美国房地产销售情况

资料来源：Bloomberg，中金公司研究部。

（二）次贷违约率大幅上升导致银行惜贷，进一步加大房地产市场下行压力

从图 5.7 可见，2005 年之前发放的次贷的拖欠率曲线的上升趋势还比较平缓，而 2005 年、2006 年和 2007 年发放的次贷的拖欠率曲线则是直线上升，其中，2006 年发放的次贷的拖欠率在 2008 年已超过 35%。

次贷违约率的大幅上升主要有三个原因：一是利率越高，浮动利率贷款的借款人的还款压力就越大。二是在美联储加息的初期，不少可调利率贷款还处于利率锁定期，还款压力并没有显现，但随着时间的推移，越来越多的贷款的利率锁定期结束，还款压力便骤然增大。三是房价一旦开始下跌，借款人就无法再通过房产的增值获得新的贷款，也无法很容易地卖出房产，而次贷借款人本身的财务状况一般都不好，所以只能被迫违约。

在次贷违约率上升的情况下，银行纷纷收紧住宅抵押贷款的标准，这进一步打击了房地产贷款业务，推动房价下跌。无论是优质贷款、次

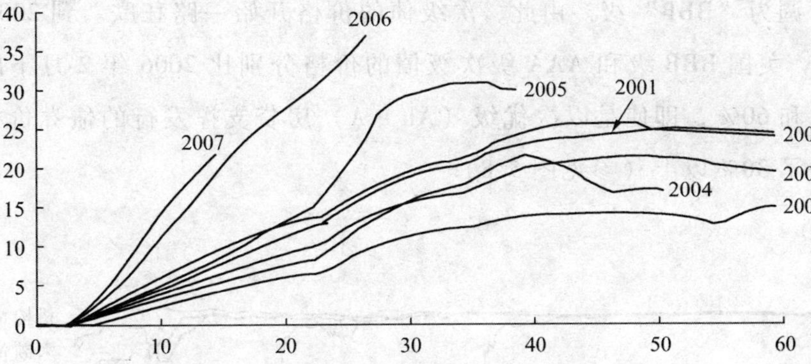

图 5.7　美国按发放年份划分的抵押贷款拖欠率

（60 天以上的拖欠额占初始贷款余额的百分比）

资料来源：Merrill Lynch 和 LoanPerformance。

优级贷款、还是次级贷款，现在都更难获得了。

（三）房贷发放机构破产或陷入财务危机

2007 年 2 月 10 日，美国第二大次级抵押贷款机构——新世纪金融公司（New Century Financial）发布盈利预警，称其 2006 年第 4 季度业绩可能出现亏损。3 月 13 日，新世纪金融公司宣布濒临破产。4 月 4 日，在裁减了半数员工后，新世纪金融公司申请破产保护。

2007 年 7 月 19 日，美国第五大投资银行贝尔斯登旗下的两支管理资产超过 200 亿美元的对冲基金因投资次级债发生巨额亏损，7 月 31 日，两只基金申请破产。这被视为美国次级债危机爆发的标志。

2007 年 8 月 15 日，由于住房不良贷款数额升至 2002 年以来的最高水平，美国最大的商业性抵押贷款公司——全国金融公司的股价暴跌 13%。至此，该公司股价已比 2007 年年初下跌了 50%。2008 年 1 月 14 日，全国金融公司被美国银行收购。

在次贷的风险暴露之后，2007 年 7 月 10 日，标准普尔和穆迪分别一次性调降 399 只和 612 只次级债的信用评级。7 月 19 日，标准普尔进一步将由高盛信托发行的债券在内的八个等级的次级债评级由“AAA”

级下调为“BBB”级。由此，次级债的价格开始一路狂跌。到2008年7月，美国BBB级和AAA级次级债的价格分别比2006年2月下跌约95%和60%，即使是以次优级（Alt－A）房贷支撑发行的债券价格也跌去了30%以上（参见图5.8）。

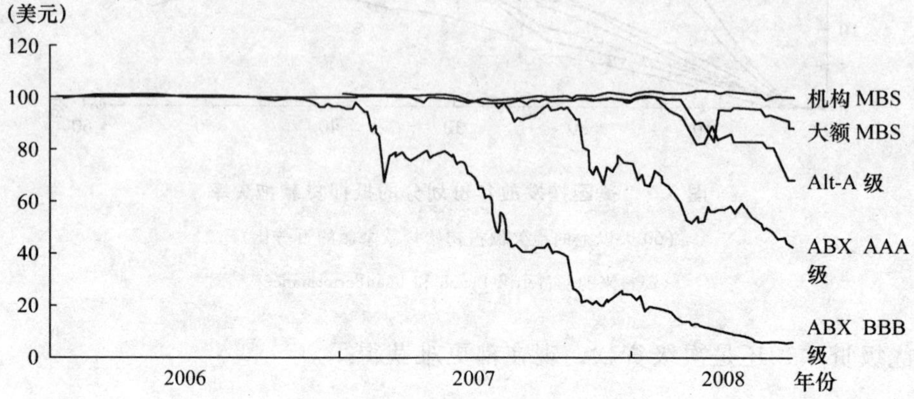

图5.8 美国次级债的价格

资料来源：JPMorgan Chase & Co. 和 Lehman Brothers。

注：ABX＝与抵押贷款相关的资产支持证券（ABS）的信用违约掉期（CDS）指数。

2007年8月9日，法国最大银行巴黎银行宣布，受到美国次级抵押贷款危机的影响，公司已冻结旗下三只资产，支持证券基金的申购和赎回。

2007年9月，英国第五大抵押贷款机构北岩银行发生挤兑。该行占全英国房贷业务市场的19%。2008年2月，该行被英国政府收归国有，成为了20世纪70年代以来英国首起企业国有化案例。这是次贷危机爆发以来第一家被国有化的金融机构，也标志着次贷危机已经传递至欧洲。

2007年12月10日，瑞士银行宣布，因投资美国次级债出现巨大亏损，2007年第4季度净亏损将达到创纪录的125亿瑞士法郎（约合114亿美元）。

2007年12月19日，美国第二大投资银行摩根斯坦利宣布，公司出现73年来的首次季度亏损，金额高达94亿美元。

2008年1月15日，花旗集团宣布，由于出现了高达180亿美元的次贷相关损失，公司在 2007 年第四季度净亏损 98.3 亿美元，为该公司有史以来的最大季度亏损。

2008 年 5 月 31 日，因陷入财务困境，美国第五大投资银行贝尔斯登被摩根大通收购。美联储暂时放松了对银行与关联企业间交易的某些限制，此外还降低了规定的资本要求，以协助摩根大通收购贝尔斯登公司交易的顺利进行。

据 IMF 和 Bloomberg 的统计和估计，从 2007 年第 2 季度到 2008 年 8 月，有报道的金融机构资产减记总金额高达 7600 亿美元，其中银行损失 5800 亿美元，保险公司损失 1000 亿美元，对冲基金和其他金融机构损失 600 亿美元，政府资助机构（如房利美、房地美）损失 200 亿美元。

（四）金融市场出现流动性危机

在贝尔斯登旗下对冲基金破产后，金融市场出现信任危机，银行不愿同业拆借，导致借贷成本迅速上升。

LIBOR/OIS 息差，即伦敦银行同业拆借利率与隔夜指数掉期利率之差，是反映货币市场资金取得难易程度的重要指标，息差扩大被视为银行间拆借的意愿下降。2007 年 8 月 9 日，法国最大银行巴黎银行宣布卷入次贷危机，三个月期美元 LIBOR/OIS 息差从前一日的 13.4 个基点跃升至 40 个基点，9 月又进一步突破了 100 个基点，而此前五年的平均水平仅为 11 个基点（参见图 5.9）。

TED 息差，即伦敦银行同业拆借利率（LIBOR）与美国国债利率之差，是反映银行信贷风险的另一个重要指标。2007 年 8 月，TED 息差猛然上升至 240 个基点，而此前三年的平均水平约为 40 ~ 50 个基点。从 2007 年 8 月到 2008 年 8 月，TED 息差始终在 100 ~ 200 个基点之间剧烈波动。[①]

① 由于借钱给美国政府被看做是近似于零风险的借贷行为，而借钱给银行则要承担该银行的倒闭风险。所以 LIBOR 利率较同期美国国库券利率高出的部分，就是市场公认的借贷风险补偿金。

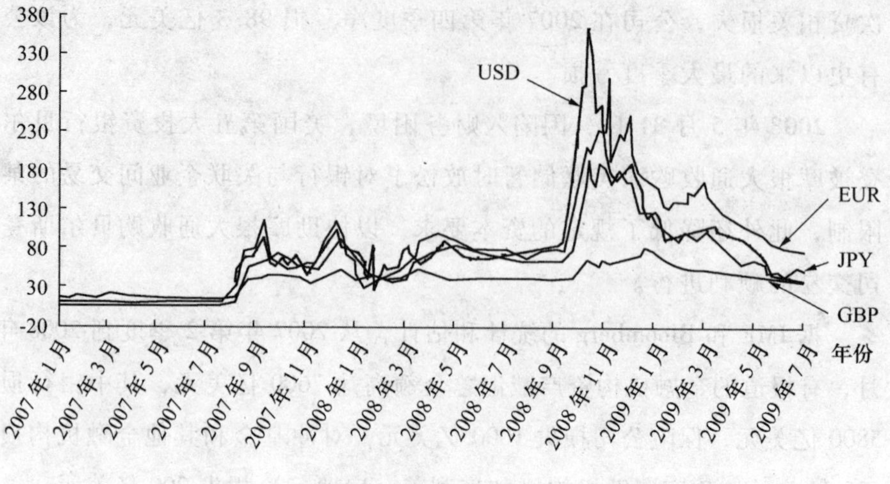

图 5.9　三个月期美元 LIBOR/OIS 息差

资料来源：Bloomberg，中金公司研究部。

由于几乎所有的投资者都在卖出高风险资产并转而抢购相对安全的美国国债，3 个月期美国国库券利率从 2007 年 7 月的 5% 左右一路狂跌至 2008 年 3 月的 0.57%。反映金融市场恐慌程度的芝加哥 VIX 指数也在 2007 年 8 月出现跳升，达到 30 左右的高点，而此前 5 年的平均水平为 16（参见图 5.10）。

危机的第一轮冲击主要作用于金融市场，对实体经济的影响尚不明显。但是在 2008 年 9 月，情况发生了根本性的变化。

三、金融危机全面爆发

（一）雷曼兄弟倒闭引发金融危机

2008 年 7 月，拥有美国住宅抵押贷款总余额一半左右的政府支持机构房利美（Fannie Mae）和房地美（Freddie Mac）财务状况恶化，导致公司股价大跌。9 月 7 日，美国政府紧急接管房利美和房地美。

2008 年 9 月 15 日，美国第四大投资银行雷曼兄弟申请破产保护，

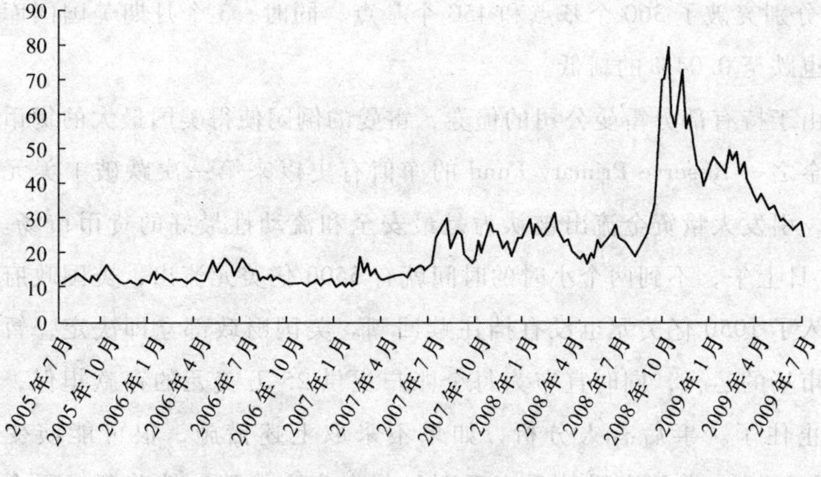

图 5.10　VIX 指数

资料来源：雅虎财经网站。

注：芝加哥 VIX 指数（Volatility Index）又称波动率指数，指数反映投资者愿付出多少成本去对冲自己的投资风险。指数愈高，代表付出的价格愈大，因此广泛用于反映投资者对后市的恐慌程度，俗称为“恐慌指数”。

其负债总额高达 6130 亿美元。第三大投资银行美林被美国银行收购。

2008 年 9 月 16 日，全球最大的保险公司——美国国际集团（AIG）因信用违约掉期（CDS）业务出现巨额亏损而濒临破产，在接受美国政府 850 亿美元紧急救助后被接管。这标志着 CDS 市场开始崩溃。

2008 年 9 月 25 日，美国第六大商业银行——华盛顿互惠银行宣布倒闭，成为美国历史上最大的商业银行倒闭案。

雷曼的破产和 AIG 公司被国有化是一个转折点，标志着次贷危机引发的金融危机全面爆发，并导致实体经济衰退。在此之前，市场始终认为，次贷危机的风险主要还是在金融市场内部，且规模有限，是可控的。而由于雷曼兄弟公司在金融衍生品市场居于领先地位，AIG 作为全球最大的保险公司，更是对金融衍生品交易起到了关键性的支撑作用，这两个巨头的倒下彻底动摇了市场对整个美国金融体系的信心，恐慌情绪因此而达到了极点，市场再度出现流动性危机，而且严重程度远远超过 2007 年 8 月。三个月期美元 LIBOR/OIS 息差和 TED 息差在 2008 年

10月分别突破了360个基点和450个基点，同时，3个月期美国国库券利率也跌至0.04%的新低。

由于持有部分雷曼公司的债券，雷曼的倒闭使得美国最大的货币市场基金之一 Reserve Primary Fund 的净值有史以来第一次跌破1美元的面值，引发大量资金流出被认为是最安全和流动性最好的货币市场。9月18日上午，不到两个小时的时间就有5500亿美元流出，美国政府紧急注入了1050亿美元也没有挡住赎回潮。美国财政部立即决定，暂停货币市场的运行，同时宣布为每个账户提供25万美元的存款担保，恐慌被止住了。事后有人分析，如果不采取上述措施，很可能演变成"电子挤兑"，美国金融体系当天下午就会完全崩溃，接着第二天全球金融市场也会崩溃[①]。

（二）股市和大宗商品期货市场价格跳水

2007年10月，美国道琼斯指数在达到约14000点的历史高位后开始逐步下跌。在雷曼破产后，道琼斯指数出现跳水，从2008年10月1日的10831点跌至10月10日的8451点，短短8个交易日的累计下跌幅度高达22%。作为经济的先行指标，股市的下跌预示着金融危机将沉重打击美国实体经济。而鉴于美国在全球经济中举足轻重的地位，美国经济的下滑将不可避免地拖累其他国家的经济增长，因此，英、法、德、日等其他主要发达国家的股市几乎无一例外地在2008年10月疯狂下跌。

事实上，对经济前景更为敏感的能源和金属期货价格已先于股市出现跳水。美国 NYMEX 原油期货价格在2008年7月曾突破每桶140美元，但随后便直线下跌，到2008年12月底已跌破每桶40美元。全球市场上的铜价也从2008年7月开始暴跌，到2009年1月已跌破每吨3000美元，比起2008年6月每吨9000美元的高点下跌了约2/3。

---

① 引自 http：//dailyreckoning. com/september – 18 – 2008 – edge – of – collapse/

大宗商品期货市场价格暴跌，除了经济基本面的因素外，金融危机导致的信用收缩使投机交易退潮也是重要原因。《后凯恩斯经济学》一书的作者托马斯·佩利曾撰文指出，在油价涨势最猛之时，金融机构和对冲基金等投机者占到石油期货交易额的七成。自然地，在金融机构身陷次级债导致的财务危机时，为了回笼资金，它们只能被迫抛售期货。

（三）发达国家经济陷入严重衰退

在金融危机造成的第一轮冲击中，银行惜贷造成的融资困难对消费和投资造成了一定程度的负面影响，但社会总需求还没有受到太大冲击。而在第二轮冲击中，房地产价格和股市持续下跌造成的负财富效应沉重打击了消费和投资，造成贷款需求萎缩。从图 5.11 可见，美国和欧元区的房地产贷款、消费贷款、工商业贷款的增长率都从 2008 年 10 月开始快速下滑。随着金融危机的影响从金融市场传导到实体经济，市场对经济前景的悲观预期得到了证实。美国、欧盟和日本的经济在 2008 年第四季度全部陷入负增长，并在 2009 年第一季度加速收缩（参见图 5.12）。

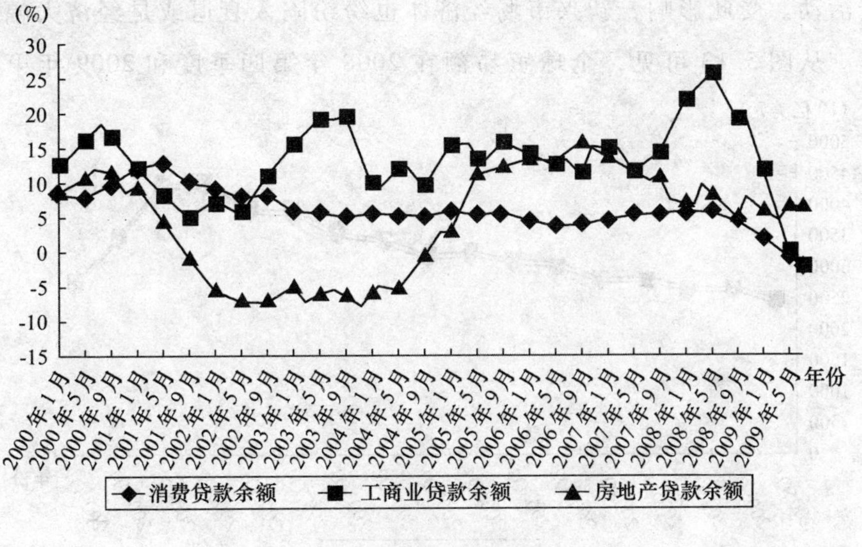

图 5.11　美国贷款余额

资料来源：美联储网站。

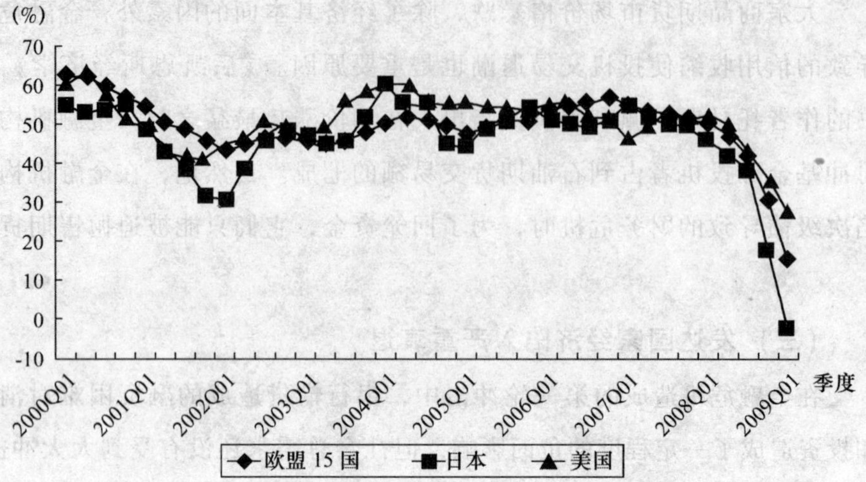

图 5.12 美国、欧盟 15 国、日本的实际 GDP 同比增长率

资料来源：美国商务部，欧盟统计局，日本统计局。

(四) 全球贸易和投资急剧萎缩，新兴市场陷入经济衰退或经济大幅减速

主要发达国家集体陷入经济衰退，沉重打击了全球贸易和跨国投资活动。受此影响，新兴市场经济体也纷纷陷入衰退或是经济大幅减速。从图 5.13 可见，全球贸易额在 2008 年第四季度和 2009 年第一

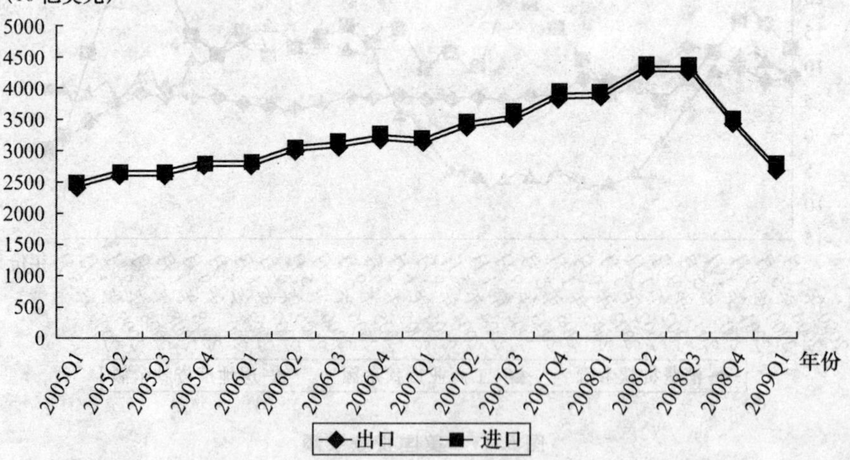

图 5.13 全球贸易额

资料来源：WTO。

季度连续跳水，其中的原因，一是发达国家经济衰退导致其进口减少；二是最终市场需求萎缩导致具有紧密供应链关系的经济体之间的产业内贸易急剧减少，这在东亚和东欧地区表现得尤其明显；三是金融动荡导致信贷紧缩，影响企业和消费者正常的融资；四是初级产品价格暴跌导致一些资源出口国国际收支状况恶化，被迫减少进口；五是许多发展中国家本币汇率剧烈波动，扰乱了企业的正常生产。

由于发达国家减少了对外投资，全球外国直接投资大幅度下滑。据联合国贸易和发展会议（UNCTAD）统计，2008 年全球外国直接投资下降了约 21%，由 2007 年的 1.83 万亿美元减至 1.45 万亿美元。2009 年第一季度全球外国直接投资继续大幅下降，占全球外国直接投资流出量 60% 的 47 个国家的对外直接投资同比下降了 57%，占全球外国直接投资流入量 60% 的 57 个国家的外国直接投资流入量同比下降 54%（参见图 5.14 和图 5.15）。

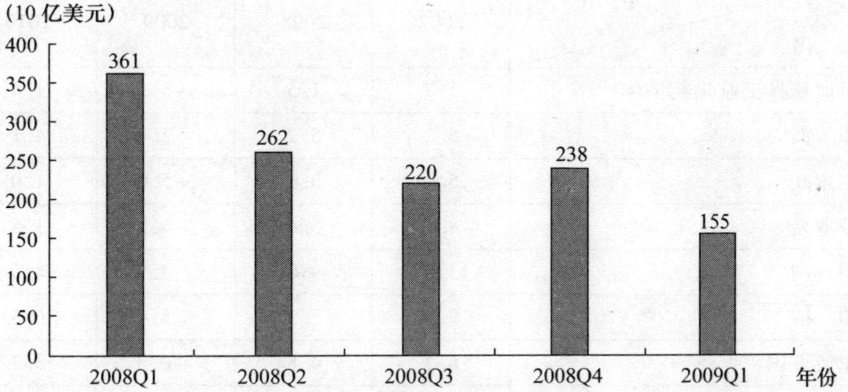

图 5.14 外国直接投资流出量

资料来源：联合国贸易和发展会议（UNCTAD）。

从表 5.1 可见，发展中国家在 2008 年的经济增长率明显低于 2007 年，而且，根据 IMF 的预测，2009 年许多国家的经济都将进一步减速，不少国家还可能出现负增长。以金砖四国为例，2009 年中国和印度的 GDP 增速将分别比 2008 年减少 1.5 个和 1.9 个百分点，俄罗斯和巴西

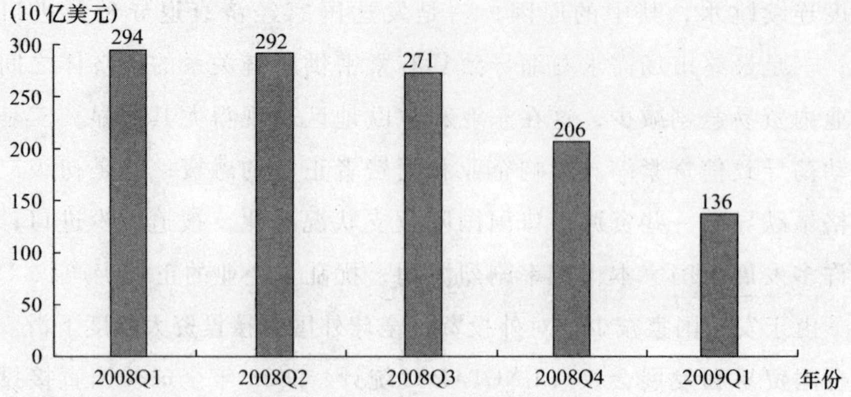

图 5.15　外国直接投资流入量

资料来源：联合国贸易和发展会议（UNCTAD）。

的经济则将分别出现6.5%和1.3%的负增长。

表 5.1　　**发展中国家 GDP 增长率**　　单位:%

国家 \ 年份	2007	2008	2009	2010
亚洲新兴工业化经济体	5.7	1.5	-5.2	1.4
非　洲	6.2	5.2	1.8	4.1
中东欧	5.4	3.0	-5.0	1.0
俄罗斯	8.1	5.6	-6.5	1.5
中　国	13.0	9.0	7.5	8.5
印　度	9.4	7.3	5.4	6.5
东盟五国	6.3	4.8	-0.3	3.7
中　东	6.3	5.2	2.0	3.7
巴　西	5.7	5.1	-1.3	2.5
墨西哥	3.3	1.3	-7.3	3.0

资料来源：World Economic Outlook, Update July 8, 2009, IMF。

注：东盟五国包括印度尼西亚、菲律宾、马来西亚、泰国和越南。亚洲新兴工业化经济体包括韩国、新加坡、中国香港、中国台湾省。2009年和2010年为预测值。

四、史无前例的救市措施使危机见底

从2007年2月次贷问题浮出水面到2008年9月金融体系面临崩溃，本次美国金融和经济危机经历了一个逐步升级的过程，相应地，美国政府救市措施的力度和覆盖面也基本上是随金融体系问题的不断暴露而增加。在2008年9月之前，政府基本上是被动出手，虽然在一些具体政策上有所创新，但由于没能认识到问题的严重性，政策的力度、速度和广度上都显得有所保留。而在2008年9月之后，由于实体经济面临深度衰退，政府不遗余力主动出招，甚至不惜使用非常规数量的宽松政策来稳定市场信心和抵御通缩。从目前情况看，金融市场和实体经济的形势已基本上稳定下来。

（一）第一阶段（2007年2月至2007年底）：积极注入流动性，但治标不治本

2007年3月13日，新世纪金融公司宣布破产，导致美国股市的“黑色星期二”，道琼斯指数下跌2%。2007年7月10日，标准普尔和穆迪大面积调降次级债的信用评级，导致道琼斯指数再跌1%。但这段期间，VIX指数和TED利差只是略有上升，美联储处于观望状态，没有采取任何干预措施。

2007年8月9日，法国最大银行巴黎银行宣布卷入美国次级债，全球大部分国家股市下跌，其中道琼斯指数下跌2.8%，国际市场金属原油期货和现货黄金价格大幅跳水，三个月期美元LIBOR/OIS息差和TED息差分别暴涨至100个基点和240个基点（图5.15、图5.16），金融市场出现严重的流动性不足。上述情况表明，次贷危机已经从房地产市场蔓延到债券市场。美联储从这时开始行动，其政策措施主要是直接向金融市场注入流动性，首次注资就发生在8月9日。具体注资金额参

见表5.2。

表5.2　　美联储向金融市场注资一览表（2007年8~11月）

日　　期	
2007年11月15日	美联储通过其下属的纽约联邦储备银行，向金融系统注入资金472.5亿美元
2007年11月1日	美联储再次宣布向银行系统总共注入410亿美元的临时资金
2007年9月6日	美联储于美股开市前，通过14日回购协议向银行体系注入70亿美元临时储备资金，并于开市后分别透过7日回购协议注入160亿美元的储备，以及透过隔夜回购协议注入82.5亿元的临时储备资金，即合共注资金额达312.5亿美元
2007年8月31日	美联储又向金融系统注入100亿美元资金
2007年8月28日	美联储通过其下属的纽约联邦储备银行，再次向金融系统注资95亿美元
2007年8月23日	美联储通过其下属的纽约联邦储备银行，再次向金融系统注入资金70亿美元
2007年8月21日	美联储通过其下属的纽约联邦储备银行，向金融系统注入37.5亿美元
2007年8月17日	美联储向金融系统注入资金60亿美元
2007年8月13日	美联储向金融系统注入资金20亿美元
2007年8月9日	美联储向金融系统注入资金240亿美元

资料来源：相关新闻报道。

除直接注资外，美联储还试图通过降息来缓解市场流动性不足。美联储在2007年9月18日将联邦基金利率大幅下调50个基点，以此对抗住房市场低迷以及信贷收紧对经济的影响。这是美联储在4年多以来首次减息。随后，美联储又在2007年10月31日和12月11日分别降息25个基点。2007年8月17日，美联储还将窗口贴现利率降低了50个基点至5.75%。

在此期间美国也出台了针对次级债的解决措施，例如2007年10月13日，美国财政部帮助各大金融机构成立一支价值1000亿美元的基金，用以购买次级债，但该计划最终“流产”。

在第一阶段，以注入流动性为主要手段的政府干预有效缓解了市场上的流动性紧张状况，美元 LIBOR/OIS 息差和 TED 息差在 2007 年 10 月和 11 月明显回落。但是，由于单纯注入流动性并没有解决次贷和次级债问题，随着 2007 年底美国房地产市场全面恶化，次贷违约率大幅度上升，银行大幅度收紧贷款标准，市场流动性再度绷紧，迫使美联储采取进一步措施。

（二）第二阶段（2007 年底至雷曼倒闭）：开始救助房地产市场和金融机构，但犹豫不决的态度导致行动迟缓和力度不足

2007 年 11 月 28 日，美国楼市指标全面恶化。美国全国房地产经纪人协会宣布，第 3 季度标普/希勒全美房价指数按季率下跌 1.7%，为该指数 21 年历史上的最大单季跌幅。2007 年底和 2008 年初，瑞士银行、摩根斯坦利、花旗集团等金融巨头相继宣布，因投资次级债出现创纪录的巨大亏损。2007 年 12 月，美元 LIBOR/OIS 息差和 TED 息差再次暴涨，分别突破 100 个基点和 200 个基点。这使得美国政府开始认识到房地产市场的持续恶化才是问题的根本，单纯注入流动性是不够的。因此，美国政府一方面继续向市场注资并加大力度，另一方面开始出台综合性措施救助房地产市场。不过即便在此时，美国政府也仍然没有预计到次级债的规模会大到能使整个金融体系停摆，因此其出台的房地产救市措施的力度和速度都明显不足。

2007 年 12 月 18 日，美联储提交修改《诚信借贷法案》（Truth in Lending Act，简称 TILA）的方案，旨在约束住房抵押贷款机构的放贷行为和保护抵押贷款借款人利益，以避免次贷危机进一步恶化。不过，这个方案从本质上只是要约束未来的房贷发放，对缓解当时的房地产市场下行压力并没有任何帮助。更重要的是，这一提案几经修改，到了 2008 年 7 月 14 日才被正式批准，并要到 2009 年 10 月 1 日起开始实施。也就是说，从提出到获得批准，这个方案花了近 7 个月的时间，而且，

即便该方案确实能有效约束不负责任的放贷行为，这种效果也要再等14个月才会显现。

2008年2月12日，美国政府和六大抵押贷款银行为防范止赎（foreclosure）的发生，宣布“救生索”计划。根据该计划，贷款银行将与抵押贷款还款逾期90天或超过90天的房主取得联系。在某些情况下，房主将有机会获得30天的缓冲期，其房产可以暂时免遭止赎。不过，在房价下跌导致购房者资不抵债、且银行纷纷收紧贷款标准的情况下，又有多少购房者能在30天的缓冲期内找到新的资金来源呢？其实，从这个计划的内容本身就可以看出，美国政府当时并不认为次贷问题有多么严重，而是认为只要给房主一个月的宽限期，就能使问题得到缓解了。

2008年5月8日，美国众议院通过了《住房与经济恢复法案》（Housing and Economic Recovery Act），建立规模为3000亿美元的抵押贷款保险基金，并向房屋所有者再提供数以10亿美元计的资助，旨在帮助购房者获得再融资，避免出现持续违约。从资金规模来看，这本来是一项比较强有力的稳定房地产市场的政策，但是2008年5月12日美国政府却对这一法案提出条件，要求不动用纳税人资金，说明在政界上还存在着是否应该动用纳税人的钱去救助不负责任的金融企业的质疑。等到2008年7月26日该法案在美国参议院获得通过，并在2008年7月30日得到布什总统批准时，时间已经过去了3个月，而这时离雷曼倒闭全面引爆金融危机只剩下一个半月时间了。

在救市的第二阶段，为避免因大型金融机构倒闭而威胁金融市场稳定，美国政府在2008年5月出手救助了面临财务困境的美国第五大投资银行贝尔斯登，在2008年7月紧急接管了美国抵押贷款业两大巨头——房地美和房利美。但是，为什么美国政府没有救助雷曼公司呢？

首先是对危机的总体形势判断不清，因而严重低估了雷曼倒闭对市场的破坏力。由于长期以来对金融市场的监管缺位，在次级债问题暴露了相当长一段时间之后，仍然没有人说得清这个黑洞到底有多大。对于金融危机造成损失的规模，IMF 在 2007 年 10 月估计为 2000 亿美元，到 2008 年 4 月就上调为 9450 亿美元，到 2009 年 4 月又上调为 4 万亿美元。每一次新的修正值都是上一次的好几倍，说明即使是 IMF 这样的全球金融管理的权威机构也无法准确判断形势。美国的政府官员们也不例外，美联储主席伯南克就明确承认自己低估了次级债对经济所造成的破坏力①。雷曼倒闭时，其债务总额超过 6130 亿美元，连锁反应导致美国乃至整个西方的金融体系濒临崩溃。

其次，在美国的政治界，关于是否应该用纳税人的钱去救助不负责任的金融机构的争论一直没有停止过。反对者认为，政府救助违背市场的自由竞争原则，还可能引发道德风险。在美联储救助贝尔斯登和“两房”后，美国国会有不少议员已经发表了许多不同的看法，甚至对此进行了抨击，指责美联储浪费纳税人的钱。在当时的形势下，雷曼兄弟的确很可能不是最后一家需要救助的金融机构，如果政府选择遵循“太大而不能倒闭”的原则，继续救助每一家大型金融机构，可能需要花费天文数字般的资金。这使得美国政府面临巨大压力。

一方面，美国政府并未充分认识到次级债危机的巨大威胁，另一方面又面临政治上的巨大压力，这两个因素使美国政府最终选择了放弃营救雷曼公司。

在第二阶段，为了应对重新陷入紧张的市场流动性状况，除了继续以传统手段直接向市场注入流动性之外，美联储还推出了三种新的流动性管理工具。第一种是 2007 年 12 月 12 日推出的定期贷款拍卖（Term Auction Facility，简称 TAF），它通过招标拍卖方式，向合格的存款类金融机构提供为期 28 天的抵押贷款。2008 年 7 月 30 日，作为 28 天 TAF 的补充，美联储又推出了 84 天 TAF。由于担心使用贴现窗口会导致市场对自己的财务状况的稳健性产生怀疑，银行不愿意使用贴现窗口，而

① 伯南克接受 2008 年 12 月《纽约客》杂志访问时表示，他与其他联储局官员较早前犯了错误，误以为次级债危机可以受到控制，其实楼市问题和广义金融系统的关系错综复杂，不容易预测。他承认低估了次级债对经济所造成的破坏力。

通过匿名参与 TAF 拍卖，银行就可以在很大程度上克服“坏名声”的问题。

第二种是 2008 年 3 月 11 日推出的定期证券借贷工具（Term Securities Lending Facility，简称 TSLF），即美联储通过招标方式用国债置换一级交易商手中的抵押资产，到期后换回，期限一般为 28 天。交易商可提供联邦机构债券、住房抵押贷款支持债券以及其他一些非联邦机构债券资产。TSLF 使流动性支持从存款类金融机构扩展到投资银行。

第三种是 2008 年 3 月 17 日推出的一级交易商信贷便利（Primary Dealer Credit Facility，简称 PDCF），允许投资银行等一级交易商像存款类金融机构一样从贴现窗口获得隔夜贷款，最长期限可达 120 天。

新型的流动性工具对于缓解金融市场的流动性不足起到了明显的效果，TED 息差在 2008 年 8 月降至 100 个基点左右。但是，问题的根本在于房地产市场恶化造成金融机构的财务状况恶化，而在本阶段力度和速度都明显不足的房地产市场救助措施，对解决这个问题没有起到多大积极作用，在雷曼公司倒闭之后，金融市场又陷入新一轮的更为疯狂的恐慌之中，流动性几乎完全枯竭。

（三）第三阶段（雷曼倒闭之后）：动用一切可能手段，全力稳定金融市场和实体经济

2008 年 9 月 15 日，雷曼公司宣布破产后，三个月期美元 LIBOR/OIS 息差和 TED 息差在 2008 年 10 月分别突破了 360 个基点和 450 个基点，远高于前期的高点，市场借贷活动几乎完全停止，美国的金融体系濒临崩溃。与此同时，美国实体经济也急剧减速并在 2008 年第四季度陷入负增长。此时的美国政府终于充分认识到问题的严重性，开始打破常规，果断动用一切手段来缓解危机。

1. 稳定金融市场的主要措施

为了解决货币市场上的流动性问题，根据《联邦储备法》的有关规定，美联储先后于 2008 年 9 月 19 日、10 月 7 日和 10 月 21 日设立了

资产支持商业票据货币市场基金流动性工具（Asset-backed Commercial Paper Money Market Fund Liquidity Facility，简称 AMLF）、商业票据资金支持便利（Commercial Paper Funding Facility，简称 CPFF）和货币市场投资者融资便利（Money Market Investor Funding Facility，简称 MMIFF）等三项新型融资工具。

从 2008 年 9 月至 2009 年 3 月，美国政府先后四次向美国国际集团（AIG）提供了总额达 1910 亿美元的救援资金和信用额度。2008 年 11 月，美国政府救助花旗集团，包括提供 200 亿美元救援资金和为该集团 3060 亿美元贷款和有价证券提供担保。2009 年 1 月，美国政府向美国银行注资 200 亿美元，并为其 1180 亿美元的资产提供担保。

2008 年 10 月，美国政府通过紧急经济稳定法案（Emergency Economic Stabilization Act）。该法案包括两个主要方面，其一，将 FDIC 存款保险上限由 10 万美元提高到 25 万美元；其二，引入 7000 亿美元问题资产解困方案（Troubled Assets Relief Program，TARP），用于购买金融机构问题资产以及帮助金融机构注资。

2008 年 10 月，美联储宣布大规模增加向金融市场的注资以增加市场流动性，使美联储的注资总规模在年底增加到 9000 亿美元。

2008 年 10 月，美联储推动成立一个面向信用违约掉期（CDS）的中央清算机构。

2009 年 3 月，美国财政部开始实施问题资产公私合营投资方案（Public-Private Investment Program for Legacy Assets，PPIP），意在动用联邦资金并吸引私人部门资金参与，用于剥离金融机构资产负债表上的问题资产。

2009 年 3 月，美国财政部和美联储推出涉及 2000 亿美元的定期资产抵押证券贷款工具（TALF），通过贷款给投资者购买多种资产抵押证券，为消费信贷市场解冻。TALF 的规模上限很快被提高到 10000 亿美元。

2009 年 4 至 5 月，美国财政部开始对 19 家最大的商业银行实施压力测试，以检验商业银行自有资本的充足程度。

2. 刺激实体经济的主要措施

2008年12月，美联储将联邦基金利率降至0.25%的历史最低点。

2008年12月，美国政府决定向通用和克莱斯勒两大汽车公司提供134亿美元的短期贷款。如果国会发放了TARP的第二部分3500亿美元资金，则政府还将于2009年2月份从TARP中拨出另外40亿美元资金用于救助这两家公司。

2009年2月，奥巴马政府通过美国恢复与再投资法案（American Recovery and Reinvestment Act）以刺激经济增长。该法案的总额为7870亿美元，包括2880亿美元减税、1440亿美元用于州政府与地方政府的医疗与教育开支，以及3550亿美元用于联邦开支与社会项目。

2009年3月，美联储宣布将在未来6个月收购总额达3000亿美元的长期国债，时隔40年后重新动用量化宽松货币政策以对抗通缩。为了支持住宅市场，又宣布将再购买"两房"担保的房产抵押债券7500亿美元，追加购买两房债券1000亿美元。

在上述多种措施的作用之下，美国房地产市场终于出现转机，Case-shiller房价指数于2009年6月止跌回升，成屋销售也首次出现同比正增长；金融市场也趋于稳定，反映恐慌情绪的VIX指数大幅回落至2008年9月雷曼倒闭前的水平，TED息差更是回落至2007年8月之前的水平，说明金融市场的融资功能已经基本恢复正常；股市在2009年4月开始反弹，道琼斯指数在2009年10月创出一年以来的新高，重返10000点以上；实际GDP环比负增长的幅度在2009年第二季度大幅度缩小，并在第三季度出现强劲反弹，说明实体经济正在止跌回升。

本次源于美国的金融和经济危机所造成的破坏很可能是史无前例的，不过，美国政府应对危机的整个过程，也给正在积极推进金融改革的中国提供了许多有益的经验和教训。

首先，在鼓励金融创新的同时必须加强金融监管。如果能防患于未然，也就不需要应对危机了。本次金融和经济危机的爆发，金融监管的长期缺位是一个关键因素，金融创新的发展已经完全失控。所以，在危机开始浮出水面时，美国政府发现自己完全不掌握情况，既不知道问题在哪儿，更说不清问题有多严重，自然也就没有坚定的目标。因此，在雷曼倒闭使问题彻底暴露之前，美国政府的策略就只能是跟着形势被动出招，走一步看一步。在这种情况下出台的措施不能切中要害，或是行动迟缓，也就不足为怪了。

其次，面对非常形势，就需要有打破常规的非常措施。虽然美国政府在救市的前两个阶段显得缩手缩脚，犹豫不决，但是应当说，在危机全面爆发、美国政府看清形势之后，它的反危机行动还是卓有成效的，特别是它在救市措施方面的诸多创举，反映了很强的决断力。例如，将利率降到历史最低水平，时隔 40 年后重新动用量化宽松货币政策，创设多种新型流动性工具。此外，执行的高效率也是保证救市措施有效性的重要条件。

归根结底，应对金融危机还应该是预防为主，治疗为辅，在危机全面爆发之后再出台反危机措施，就是手段再高明，效率再高，金融市场和实体经济也已经元气大伤，全面恢复将是一个漫长的过程。

第六章

美国金融危机对世界经济格局的影响

发端于美国的次贷危机终于爆发成一场席卷全球的金融危机。这场危机发展速度之快、影响范围之广、恐慌程度之深出乎所有人的意料。在各国政府采取了一系列大规模的救市行动之后，危机逐步见底，世界经济也开始复苏。但随着欧洲国家主权债务问题的逐步暴露，国际金融市场再度大幅波动，世界经济面临二次探底风险。不管这场危机最后如何演变，世界经济的发展格局都将出现重大变化。正确认识此次金融危机的性质、发展态势及其对世界经济的影响，对于我国应对危机带来的挑战以及在塑造未来世界经济新秩序的过程中占得先机具有重要意义。

一、一次史无前例的金融危机

（一）危机的第一阶段：美国金融危机

正如在本书前面几章分析的那样，危机从美国开始，其实质是一次资产价格泡沫破灭之后，导致金融机构资产负债表破坏而引发的信用危机，因此仍具有银行危机的特点。随着美国金融危机不断地深化，对其严重程度的认识也在不断加深。2008 年初，国际知名投资家索罗斯曾说“这是二战后最严重的金融危机”，这是与 1929 ~ 1933 年间的金融危机相比较而言。而美联储前主席格林斯潘认为“这是一次百年不遇的金融危机”，这是与 1907 年的美国的银行危机相比。就目前的发展情况来看，此次危机在某些方面确实比 1929 ~ 1933 年间的金融危机或是 1907 年银行危机更严重。

首先，这次危机影响的范围极其广泛。一方面，危机跨越了绝大多数国家，从国际经济和金融体系的核心——美国爆发，迅速波及到所有的发达国家和新兴市场国家。另一方面，危机覆盖了所有的金融市场和金融机构，房地产、信贷、债券、股票、商品、外汇市场无一幸免，商业银行、保险公司、证券公司以及包括退休基金、私募股权基金甚至对冲基金在内的基金公司等均受到冲击。这种情况的出现是和近年来经济全球化和信息化高速发展、投机资本在国际间大规模流动以及金融创新和金融衍生产品泛滥密不可分的。这是传统金融危机无法比拟的。

其次，这次危机的恐慌程度非常罕见。2008 年 10 月 6 日到 11 日，美国股票周跌幅 18%，创历史之最；反映银行信贷风险的伦敦银行拆借利率（Libor）与美国国债之间的利差连续上升，不断创出历史最高纪录；连流动性很好、风险相对较低的货币基金市场和商业票据市场也出现了资金大规模流出和融资困难的局面；由于投资者抢购国债，美国三个月期国债收益率一度为负。充分说明市场已经恐慌到了极点。

再次，政府的救市行动不论是速度、力度和广度都是前所未有的。除了降低利率和向金融体系注入流动性等传统手段之外，各国政府还采取了提高存款保险、收购金融机构不良资产和股权甚至直接接管等措施。美联储还对货币基金市场提供担保，直接购买企业商业票据，等于是中央银行直接对企业进行贷款。1907 年银行危机时美国没有中央银行（最后贷款人），1929 ~ 1933 年金融危机时美国没有存款保险制度、没有证券监管部门、政府不懂宏观调控。现在这些问题都不存在，但如此大规模的救市措施仍然难以稳定金融市场，也进一步佐证了本次金融危机的严重程度。

最后，本次危机的复杂性远远超过以往。无节制和无监管的金融创新创造出复杂而又难以定价的金融衍生产品，由于大量运用杠杆工具其风险被急剧放大，然后又通过复杂的交易模式传递到其他的金融机构和金融市场。当市场情况逆转的时候，一次错误的衍生产品交易就可能导致一家金融机构破产，并进一步引发其客户、合作伙伴、交易对手破产，形成连锁反应。因此，这场危机已经不是一个简单的流动性危机（Liquidity Crisis），而是一个破产危机（Insolvency Crisis）。所以才会有恐慌，旨在缓解金融体系流动性的措施也效果有限。

直到美联储宣布采取“量化宽松”政策，危机才真正见底。这个见底，指的是美国银行危机的见底。很多人认为，如果美国经济增长乏力，房价再度下探，可能会导致新的银行坏账，并引发又一轮的信用危机。但由于“量化宽松”的先例已在，不论银行体系出现多少坏账，政府都可以通过印钞票的方式进行购买，因此从理论上来说，银行危机不会出现。相反，由于大量私人部门的债务转化为公共债务，未来的危机可能主要来自主权债务。

（二）危机的第二阶段：主权债务危机

在危机的第一阶段，各国政府为了挽救金融体系和刺激经济，采取了极为宽松的货币政策和财政政策，再加上严重的经济衰退使税收收入大幅减少，财政状况显著恶化，主权债务风险逐渐暴露出来。这一点在欧洲国家表现得最突出。

很多欧洲国家长期以来奉行高福利的公共政策，在经济好的时候也没有执行审慎的财政纪律，其政府负债率本来就很高，金融危机爆发后财政状况更是捉襟见肘。其中问题比较突出的国家有希腊、爱尔兰、西班牙、意大利、葡萄牙等。近一段时期，这些国家的主权评级纷纷被下调，国债担保费率持续攀升，与德国国债的利差不断扩大。进入 2010 年 4 月之后，受希腊债务危机影响，国际金融市场出现显著波动，欧元、英镑对美元大幅贬值。尽管欧盟和国际货币基金组织出台了总额7500亿欧元的援助计划，而且最近公布的经济数据显示，欧美经济处于稳步回升状态，但全球股市和商品期货继续下跌，而美元和美国国债不断上升，说明投资者对未来经济前景充满疑虑，避险情绪浓厚。

对欧洲主权债务危机的隐忧主要有三点。一是希腊救援计划能否成功还有疑问，救援计划需要欧盟各国议会相继批准，而许多国家选民和议员反对救援，2008年9月金融危机爆发之后美国政府出台的7000亿美元救市计划第一次就曾被国会否决。二是救援计划只解决了当前问题，而对主权债务形成以及欧元制度性缺陷的根本原因没有触及，未来欧洲的债务危机和货币危机可能反复出现。三是一旦欧洲各国真的下决心为平衡预算而紧缩政府开支，必然会对短期经济增长造成不利影响，进而拖累全球经济总体复苏。由于主权债务问题将长期存在，本节将对此问题进行深入分析。

1. 解决主权债务问题的决定因素

出现主权债务问题国家的共同点是预算赤字和国债余额占GDP比重“双高”。以欧元区为例，2009年欧元区16国的预算赤字占GDP比重为6.3%，国债余额占GDP比重为78.7%，分别比2008年高4.3和9.3个百分点。出现这种变化的主要原因是受国际金融危机的影响。一方面，经济衰退使税收收入锐减，而政府反周期开支明显上升；另一方面，各国政府为了挽救金融体系收购了很多金融机构的“问题资产”，使得私人部门的债务国有化，提升了政府负债水平。

从政府预算和债务公式可知，国债余额的变化量等于政府基本预算（不含利息支出的预算）平衡与国债利息支出之和。如果要使国债余额与GDP之比保持在一个稳定的水平上，要么基本预算实现平衡或者盈余，要么国债利率必须低于经济增长率。否则国债余额占GDP比重将不断增长，这是不可持续的。

表 6.1　保持国债余额占 GDP 比重不变的决定因素和手段

决定因素	手　段	目　的
财政支出	削减开支	基本预算平衡或盈余
财政收入	增加收入	
国债利率	降低利率	名义利率不高于名义GDP 增长率或实际利率不高于实际 GDP 增长率
通货膨胀率	提高通货膨胀率	
GDP 增长率	提高经济增长率	

以希腊为例，该国 2009 年底基本预算赤字占 GDP 比重为 8.5%，国债余额占 GDP 比重为 115%。据 IMF 估计，2010 年和 2011 年希腊名义 GDP 为零增长，2010 年可以达到 1.2%，而当前希腊 10 年期国债利率为 7.8%，远远高于经济增长率。也就是说，即使希腊政府真的能实现基本预算平衡，若利率不变，未来三年希腊国债余额占 GDP 比重仍将上升 24 个百分点左右，达到 139%。

表 6.2　高债务国家基本预算赤字、利息支出、国债余额、净国际投资地位占 GDP 比重以及国债利率、未来通胀率和 GDP 增长率　单位:%

	希腊	葡萄牙	西班牙	意大利	爱尔兰	英国	美国	日本
2009 年基本预算赤字	8.5	6.5	9.4	0.6	12.1	9.4	8.3	5.6
2009 年国债利息支出	5.0	2.9	1.8	4.6	2.1	1.9	2.7	0.9
2009 年国债余额	115	77	53	116	64	68	84	190
2009 年净国际投资地位	-82	-112	-94	-19	-73	-13	-24	47
2010 年 4 月名义国债利率	7.8	4.8	3.9	4.0	4.8	4.0	3.8	1.3
2010~2012 年均通胀率	1.4	1.1	1.1	1.6	-0.1	2.1	2.0	-0.6
2010~2012 年均实际 GDP 增长率	-1.0	0.6	0.6	1.2	0.4	2.3	2.7	2.0
2012 年底国债余额（如基本预算平衡）	139	86	59	119	78	67	81	190

说明：数据来源于 IMF、OECD、欧盟委员会、美国商务部经济分析局、日本大藏省、Ricardo Cabral, The PIG's External Debt Problem, Centre for Economic Policy Research, 8 May 2010 和作者计算。其中 2010~2012 年的通胀率和实际 GDP 增长率来自于 IMF 预测，经作者加权平均得到年平均值。

表6.2还列举了其他高债务国家的情况。同样假设各国政府可以实现基本预算平衡，在利率不变的情况下，欧元区国家国债余额占GDP比重均将继续上升。而美国、英国、日本国债余额占GDP比重将有所下降或保持不变，原因就在于这些国家的名义利率低于GDP增长率，或者说实际利率低于实际GDP增长率。但在当前这种经济环境下，要实现基本预算平衡非常困难。经合组织估计未来三年多数发达国家预算赤字将居高不下，2012年时国债余额占GDP比重进一步上升。而希腊尽管宣布了大幅削减赤字的计划，外界仍认为其国债余额到2012年将达到GDP的150%，比表6.2估计得要高，这说明希腊未来三年不可能实现基本预算平衡。

2. 解决主权债务问题的难点

为什么金融市场对于欧盟解决主权债务问题缺乏信心呢？原因就在于解决这一问题的政策手段实施起来都很困难。

首先，实现基本预算平衡并不容易。许多发达国家的预算赤字很大程度上是结构性的，随着人口结构老化，福利开支将不断攀升。而削减福利开支会触及到多数民众的根本利益，很难得到选民的支持。而且，不论是削减公共开支还是提高税收，在短期内都会给经济带来负面冲击。从表6.2中可以看出，高债务发达国家的预算赤字占GDP比重一般都大于5%，很多都超过10%。在其他条件不变的情况下，平衡预算的措施将使GDP下降同样的数额，如果政府开支的乘数效应大于1，GDP下降的幅度更大。在当前经济复苏基础尚不牢固之际，大幅削减赤字很可能使欧洲经济再度陷入衰退并拖累全球经济增长。

一般来说，提高实际经济增长率是改善财政状况最佳路径。一方面，由于各国的税制基本上都是累进制的，持续的经济增长将使税收收入高于GDP增长速度，有助于改善预算状况。另一方面，实际经济增长率高于实际国债利率，有助于降低国债余额占GDP比重，使债务规模维持在一个可持续的水平上。但由于人口结构老化和就业人口比例下降，很多西方国家特别是欧洲国家都出现了储蓄和投资率下降、劳动生产率增长缓慢等现象，其长期增长前景并不看好，很难指望通过提升实际经济增长率来改善预算状况。

还有一个办法就是压低国债利率。虽然经济增长率低，但只要利率低于经济增长率，若基本预算还能实现平衡，国债余额占 GDP 比重就能下降。名义利率最低只能到零，但实际利率可以为负，只要通货膨胀率大于名义利率就行。一般情况下国债利率是由市场供求关系决定的，并不由政府直接控制。央行可以通过实行极为宽松的货币政策，降低持有国债的机会成本，间接地压低国债利率。宽松的货币政策还可以使通货膨胀升温，进一步降低实际利率。

但如果通货膨胀率上升，投资者势必会要求更高的利率进行补偿。因此，最后一个办法就是让央行直接购买国债，即“公共债务货币化”。由于央行创造货币的能力是无限的，无论国债的供给有多大都可以吸纳。因此像美国、英国、日本这样的国家，即使国债规模再高，理论上也不会出现债务违约的问题，因为央行可以通过印钞票还债。但“债务货币化”控制不好极易引发超级通货膨胀（Hyperinflation）。历史上每一次超级通货膨胀几乎都是由公共债务货币化引起的。因此说，“通货膨胀处处是一个货币现象”，但“超级通货膨胀处处是一个财政现象”。

2009 年 3 月，美联储宣布启动购买国债的“量化宽松”措施，但一年多来并没有引发明显的通货膨胀，这里面有三个原因。一是受金融危机的影响，货币流通速度显著放缓，使过多的流动性没有形成通胀压力；二是大量资金流入资本市场或是流向国外，在资产价格上涨的同时没有引发消费品价格的上涨；三是“量化宽松”的规模较小，仅为 3000 亿美元，相当于同期美国基础货币增量的 17% 左右。

但对于希腊等欧元区国家来说，由于没有自己的中央银行，“债务货币化”这条路也行不通。如果由欧洲央行出面来大规模购买高债务国家的国债，引发的通货膨胀会影响到整个欧元区。事实上，受金融危机和经济衰退的影响，西班牙、爱尔兰等国家已经出现通缩现象，其实际债务反而在上升。如果 7500 亿的救援计划不能有效解决欧洲债务问题，最终欧洲央行可能还是要采取“债务货币化”的措施。

3. 主权债务危机往往伴随着货币危机

债务危机是金融危机的一种普遍形式，多数都以债务违约和重组告终。据 IMF 统计，1824 年至今共出现过 257 次主权债务违约。最近出现的有 20 世纪 80 年代的拉美债务危机，1998 年的俄罗斯债务危机和 2001 年的阿根廷债务危机等等。

但是，绝大多数主权债务危机都出现在发展中国家，二战结束以后还从来没有发达国家出现过主权债务危机和违约。这是因为发展中国家的货币不是国际流通货币，其外债是以外币发行，一旦经济和国际收支状况恶化，将因无力偿还外债而陷入危机。而发达国家的货币都是国际流通货币，其债务也多以本币发行，因此理论上只要开动印钞机就可以偿还全部债务。

但欧元区的建立使其成员国丧失了独立的货币发行权。尽管欧盟对公共债务和赤字占 GDP 比重均有规定，但从没有追究犯规者的责任。由于经济好的时候没有奉行审慎的公共财政政策，一旦经济衰退使财政状况显著恶化，高债务国家将无法通过赤字货币化的手段化解债务，因此主权债务违约的风险迸发出来。

欧洲主要国家之所以决定不惜一切代价救助希腊，一是因为救希腊就等于是救自己，据《经济学人》杂志估计，约 40% 的希腊国债由西欧银行持有，如果希腊债务违约，金融机构将蒙受巨大损失，可能引发新一轮银行危机；二是担心希腊危机会蔓延到其他高债务国家，引发连锁反应，因此必须在起始阶段将危机遏制，同时为欧盟及各成员国进行政策和结构调整争取时间。表 6. 2 中的数据显示，尽管西班牙、葡萄牙等国国债余额占 GDP 比重比希腊低不少，但这些国家预算赤字很高，国债规模的增长速度很快。而且这些国家的“净外债”（以国际投资地位表示）占 GDP 的比重要明显高于希腊，一旦外国资本大幅撤离，极易引发债务危机。

不过，欧盟和 IMF 对希腊的救助不过是以新债换旧债，只是利率更优惠一些，只有5%。但由于国债余额大于GDP，即使希腊的GDP年增长率达到5%，连用来还利息都不够，何况现在希腊是负增长。当收入低于偿债利息的时候，债务人的最优选择就是不还钱。而且，由于欧盟和欧元已经把自身的命运和希腊挂钩，希腊就会有很强的动机不严格执行紧缩性财政政策，因为他们知道不论出多大问题欧盟都会施救。

从金融危机的历史可以看出，主权债务危机往往都伴随着货币危机。当债务危机爆发后，由于投资者信心丧失，大量资金出逃，导致汇率大幅贬值，实行固定汇率制的国家也往往不得不放弃这一制度，形成货币危机。这次危机充分暴露出欧盟决策效率的低下、政治和经济的不统一以及货币同盟的制度性缺陷。正因为如此，投资者才对欧盟解决主权债务问题缺乏信心，而投机者也持续沽空高债务国家的国债和欧元，赌欧元区将因主权债务问题最终解体。

货币同盟最大的问题就是经济表现不佳的成员不能通过实行扩张性货币政策和汇率贬值来刺激经济。尽管危机爆发以来，欧元兑美元汇率已经大幅贬值，这对于出口竞争力较强的德国来说确实非常有利，但对于希腊等国际竞争力较弱的南欧国家来说，这还远远不够。如果希腊有自己的货币，该货币就不仅应该对其他货币贬值，也应该对欧元贬值。正因为如此，很多人预测希腊等深陷衰退和危机的国家将率先推出欧元区，导致欧元解体。

但实际上，退出欧元区对于希腊等国而言是弊大于利的。首先，退出欧元区可能就无法再得到欧元区其他国家的救助；其次，希腊的新货币和欧元相比必然是弱势货币，创立伊始可能会大幅贬值，而其对外债务多是以欧元计价，汇率贬值反而会加重偿债负担；第三，希腊民众不希望手头欧元存款贬值成新的弱势货币，可能会将存款转入其他国家银行，造成银行挤兑，形成银行危机。

当德、法等欧洲大国发现继续救助希腊等高债务国家和维护欧元区的成本难以承受的时候，他们也可能会选择退出欧元区。像德国经济和财政状况相对较好，货币信誉度高，建立的新货币很可能会成为强势货币，不用担心资本外流等现象，很容易实现平稳过渡。既获得了自主实施货币政策的能力，又甩掉了希腊等高债务国家的包袱。因此，如果欧元区最终解体，首先退出的反而最有可能是德国、法国这样的国家。

如果欧元真的解体，必将会对全球金融市场造成巨大冲击。欧元是仅次于美元的全球第二大储备和交易货币，占全球外汇储备的27%、全球外汇交易以及柜台交易的衍生产品的37%。一旦欧元解体，将会造成金融市场的巨大混乱，给金融机构和实体经济带来的损失难以估量，其冲击力不会小于雷曼兄弟倒闭造成的全球金融海啸。即使欧元区最终能够坚持下来，在投机者的反复冲击下，国际金融市场也会出现经常性地大幅波动，并对欧洲和全球经济增长带来不利影响。

需要说明的是，主权债务问题并不局限于欧洲。国际金融危机爆发之前，由于流动性宽松和经济增长态势良好，许多国家和地区都大肆举债，一旦危机爆发就变成了沉重的负担。表6.3列举了全球主权债务风险最高的国家和地区。其中希腊每万元5年期国债保险费718.6元，隐含的违约概率是44.6%。但希腊的风险仅排第三位，上榜的更多的实际上是发展中国家，还有部分国家地方政府的债务违约风险也很高。

表6.3　违约风险最高的十大主权债务

国家和地区	每万元5年期主权债保险费	累计违约概率（%）
委内瑞拉	1358.68	60.07
阿根廷	1305.44	57.07
希　腊	718.60	44.60
巴基斯坦	810.50	41.95
乌克兰	662.90	36.69
伊拉克	489.10	29.22
阿联酋迪拜酋长国	488.13	28.47
葡萄牙	319.91	23.97
意大利西西里地区	305.80	23.20
多米尼加共和国	358.70	22.57

资料来源：CMA Sovereign Risk Monitor 2010年5月21日统计。

虽然美国的经济和财政状况相对较好，但其经济中的结构性问题与欧洲没有本质上的差别。由于美元是首要的国际储备货币，欧洲主权债务危机爆发后，避险资金大量流入美国，美元汇率大幅升值，而美国国债利率显著下降，这十分有利于美国发行新的债务。但除非美国能够实现持续、有力的经济增长以及成功地应对人口老化带来的财政挑战，否则美国最终还是要面对主权债务（包括地方政府债务）不断膨胀的危险，或许也不得不用“债务货币化”的手段来予以化解，并可能因此引发高通货膨胀和美元汇率的大幅贬值。

二、世界经济格局发生重大变化

2003～2007 年，世界经济曾经出现了高增长和低通胀这一 30 年来最好的增长局面。如果回顾一下过去一段时期世界经济的发展历程，确实可以发现世界经济中存在的一些深层次矛盾被经济繁荣所掩盖了。比如说，经济全球化收益的分配不均，环境的破坏和资源供应的紧张，全球失衡，金融危机的频繁爆发等等。这些问题没有在发展过程中得到解决，反而随着经济增长和全球化的深入不断强化，终于直接或间接地导致了当前的危机。

（一）前一阶段世界经济发展的基本特点和矛盾

世界经济上一次出现根本性的转变是 20 世纪 70 年代。20 世纪 50 年代和 60 年代是工业革命以来世界经济增长最快的“黄金时期”，而 70 年代的“滞胀”终结了这一增长态势。两次能源危机使得可持续发展成为影响经济政策的一个重要因素。而布雷顿森林体系的崩溃，使国际货币体系由固定汇率制转向浮动汇率制，揭开了金融资本大规模跨境流动和金融危机频生的序幕。

为了应对“滞胀”的挑战，以美英等国为首的西方国家开始放弃国家干预主义，重拾自由放任的经济政策，包括对内放松管制、对外消除贸易和投资壁垒。部分发展中国家由于经济增长放缓，也开始了市场化改革并逐步参与国际分工。这些都为经济全球化大发展奠定了基础。国际贸易、国际直接投资和国际资本流动开始快速增长，新的全球贸易体系、投资体系和金融体系开始形成。

进入20世纪90年代以后，在信息技术革命和各国市场化经济改革的推动下，全球化进程呈现出加速发展的态势。其具体表现包括：一是真正意义上的全球市场初步形成。发达国家不断放松管制，而东欧和苏联国家以及以中国和印度为代表的发展中国家推行市场化改革，积极主动地参与国际分工，形成了一个真正意义上的全球市场。二是国际分工形式发生了重大变化。从产业间分工向产业内分工转变，而产业内或部门内分工也日益分解和细化。跨国公司通过国际产业转移，逐步建立了遍及全球的生产链和供应链。而发展中国家通过承接产业转移，在国际产业分工中的地位有所提升。三是全球金融一体化的加速和全球失衡现象的出现。随着各国金融管制的放松，金融资本的跨国流动规模越来越大。起初，金融资本主要在发达国家之间流动，而近年来发达国家与发展中国家之间的资本流动的比重开始上升。资本流动的不同方式中，证券组合投资、金融衍生产品投资增长迅速，传统的银行贷款重要性在下降。此外，各国官方储备的增长也很快，而且分布非常不均衡，出现了全球失衡的现象。四是发展中国家在世界经济中的地位显著上升。发展中国家通过市场化改革以及积极参与国际分工，经济增长效率明显提高，对世界经济的影响越来越大。

因此，可以说20世纪70年代以来世界经济发展最主要的特征就是全球化与市场化。在这两种力量的推动下，世界经济保持了比较快的发展速度，全球GDP增速仅次于50年代和60年代，是工业革命以来增长速度第二快的阶段。但这一阶段的增长也积累了很多矛盾，这些矛盾主要有以下几点。

首先，出现了世界经济发展的不平衡以及全球化收益分配不均的现象。有的国家和地区经济持续高速增长，而有的国家和地区则长期停滞。在同一国家之内，不同的社会群体之间收入差距也不断扩大。收益分配的不均使得不同国家之间、不同利益群体之间的矛盾不断加深。世界贸易组织多哈回合进程迟迟不能取得突破，甚至一度发展很快的区域经济一体化进程也出现了放缓的迹象，这在很大程度上就是上述矛盾的反映。

其次，资源与环境成为制约经济可持续发展的重要因素。世界经济的增长使得对自然资源特别是化石燃料的需求不断增加。随着越来越多的发展中国家开始进入工业化和城市化加速发展阶段，初级产品的供需矛盾日益突出，并在一定程度上引发了2007～2008年的能源和粮食危机。更为重要的是，化石燃料是当今温室气体排放的主要来源。而据各种研究，气候变暖将给世界经济带来非常不利的长期影响。因此，气候变化已经成为国际社会普遍关注的重大的全球性问题。对多数发展中国家而言，为发展而获得稳定充足的能源，同时又不给环境造成不可挽回的破坏是一个两难问题。

再次，国际货币金融体系缺乏有效监管，金融危机此起彼伏。在金融全球化和金融市场开放的旗号下，金融资本在全球范围内大规模流动，但却缺乏有效的监管，导致金融危机此起彼伏。特别是进入21世纪以后，所谓的金融创新和金融衍生产品日益泛滥，而美英等发达国家及其把持的国际货币基金组织，没有发挥应有的监管和预警作用，再加上极为宽松的宏观政策环境，催生了一个罕有的资产价格大泡沫。而泡沫的破灭则引发了二战以来最严重的金融危机。

（二）世界经济发展格局将出现变化

2008年爆发的国际金融危机，在很大程度上改变了前一阶段世界经济的基本态势。为了应对危机，各国政府采取了相当极端的经济政策，如采取极为宽松的货币和财政政策、将金融机构国有化等等，摈弃了过去那种不干预市场运作的指导思想。这场危机何时结束、以什么样的方式结束，都会对未来世界经济发展产生深远的影响。由于这是一个百年不遇的危机，历史上缺乏先例可循，因此对未来世界经济走势的判断存在很多不确定因素。

1. 短期通缩、长期通胀

对于世界经济未来会出现通胀还是通缩的判断非常重要。如果判断会出现通胀，刺激经济的政策就必须慎重，否则就会重蹈2001年美国经济衰退之后美联储采取过于宽松货币政策引发泡沫经济的覆辙。反之，如果高估了通胀的威胁，很可能使得刺激经济政策的力度不够，造成经济衰退的旷日持久，甚至演变成大萧条。

由于此次危机是资产价格泡沫破灭引起的，金融机构的资产损失巨大，不得不紧缩信贷以改善自身的财务状况。未来经济出现信贷紧缩、经济衰退、价格下跌的恶性循环的可能性很大。如果经济陷入了“流动性陷阱”，中央银行即使不断减息和扩大货币供给也没有用。因此，通货紧缩的威胁是实实在在的，也被最近一段时期的数据所支持。

在脱离金本位后，世界上出现通缩的次数远远少于通胀。比较知名的通缩有两次，20世纪30年代大萧条时的美国和90年代至今的日本。当年美国是靠二战走出的通缩，而日本历时20年也未能战胜通缩。美联储曾深入研究这两个案例，对通缩危害性和顽固性非常了解，因此也表示会不惜一切代价防止通缩的出现。这就是为什么2003年美国出现了轻微的通缩迹象之后美联储将利率降到1%并维持一年之久，这被普遍认为是后来全球流动性过剩的根源之一。这次金融危机之后，各国央行已经采取了大幅减息、向金融市场注入流动性等措施。如果这些措施还不奏效，美联储已经明确表示，将采取“印钞票”的手段。这也是为什么很多人认为通货膨胀必将卷土重来的原因。

但考虑到此次危机的严重性，以及发达国家金融市场信用创造和居民消费储蓄行为出现持久的转变，即使全球经济复苏通货膨胀也不会显著上升。估计未来数年内，世界经济将进入低增长和低通胀期。即使出现一定的通胀也不见得是坏事，因为这将有助于打破资产价格下跌、坏账增加、信贷紧缩和经济衰退的恶性循环。

主权债务危机的爆发，为世界经济增长带来了新的不确定性。欧洲各国平衡预算的努力在短期内将对经济增长带来冲击。例如，2009 年欧元区总体的预算赤字占 GDP 比重为 6.3% 。如果分三年实现预算平衡的话，需要 2010 ~ 2012 年期间每年削减相当于 2.1% GDP 的政府开支。根据历史数据计算，欧元区边际储蓄倾向和边际进口倾向分别为 0.27 和 0.55，由此可以估计出欧元区政府开支的乘数效应约为 1.23。在其他条件不变的情况下，这相当于未来三年欧元区 GDP 每年要收缩 2.6 个百分点。而 IMF 在 2010 年 4 月曾预测未来三年欧元区的经济增长率平均在 1.4% 左右，这意味着财政紧缩计划将使欧元区陷入负增长。

为了抵消紧缩性财政政策的影响，欧元区一定会实行宽松的货币政策。这既可以减轻政府的债务负担，又可以使汇率贬值。但由于区域内贸易占成员国全部贸易的比重在 2/3 以上，欧元贬值对欧元区出口刺激的作用比较有限。回归分析表明，在其他条件不变的情况下，欧元兑美元汇率贬值 20% ，只能提高欧元区出口增速 4.5 个百分点。在全世界经济增长充满不确定性且各国都希望以出口带动经济增长的情况下，通过汇率贬值来提升欧元区经济增长的空间不会很大。

由于欧元区占全球经济比重接近 1/5，欧元区经济放缓势必要拖累全球经济增长。但如果主权债务危机不进一步恶化，世界经济应不会二次探底。若预算平衡能够如期实现，有助于主权债务问题的解决，从长远看有利于欧元区的长期增长。这是最佳的一种情景。

但正如前面所分析的，实现预算平衡难度很大。欧元区福利开支占政府预算的 52.7% ，占 GDP 的 23.4% ，而且这两个比例还在不断上升。更现实的可能是预算平衡不能实现，导致主权债务越积越多，投机者将会利用每一次机会攻击高债务国家的国债和欧元。这时候欧元区国家面临两个选择：一种可能是让欧洲央行直接购买各国国债，这样足以使投机者知难而退，欧元可以保住，但汇率大幅贬值，通货膨胀明显上升；另一种可能就是欧元区主要国家认为，继续救助高债务国家得不偿失，退出欧元区，欧元解体，引发新一轮全球金融危机。

表 5.4　　　　欧元区主权债务危机的演变情景和影响

影响		情景 1：实现预算平衡	情景 2：维持预算赤字、保住欧元	情景 3：维持预算赤字、欧元解体
欧洲	主权债务	稳定	不可持续	不可持续
	货币政策	宽松	债务货币化，超级宽松	宽松
	汇率	贬值	大幅贬值	混乱
	通胀率	低	高	低债务国家低，高债务国家高
	经济增长	短期衰退、长期增长	停滞	衰退
世界	经济增长	增长	增长	二次探底
	金融市场	稳定	大幅波动	新一轮金融危机
中国	经济增长	增长	增长	负面冲击较大
	通胀	低	高	不定
	人民币汇率	升值压力较小	升值压力较大	不定
后果		最好	不好	最差
可能性		较小	最大	最小

三种情景对世界经济和中国经济的影响是不一样的。最理想的是第一种情景，即欧洲国家通过财政紧缩能够实现预算平衡，主权债务危机因此得到化解，欧元区经济走上一个可持续增长的道路，世界和中国经济也将从中长期获益，但第一种情景实现的可能性不大。

从目前的情况来看，出现第二种可能性最大，即欧洲央行最终将采取“债务货币化”的手段解决欧洲国家的主权债务问题，通货膨胀将因此显著上升，而实际经济增长可能很低，欧元区的“滞胀”也将输出到世界其他国家和地区。中国将面临输入性通胀和人民币升值的双重压力。

第三种情景是一种最差的结果。欧元区解体将引发新一轮国际金融危机，并导致世界经济的再次衰退，中国将难以独善其身。这种可能性最小，但不能排除。

也有人以日本过去20年的经验为例，认为低利率和高债务未必会导致通胀，反而有可能出现通缩。日本的情况有一定特殊性，日本的国债主要由本国居民所持有，而且需求一直都存在，因此日本央行始终没有采取“债务货币化”措施。由于利率太低，许多人将日元换成其他高利息货币，日元成为“套利交易”（Carry Trade）对象。因此，虽然日本本国没有出现通胀，但却是全球流动性过剩的一个重要来源。进入21世纪之后，由于美国长期实施低利率政策，美元也成为“套利交易货币”，向全球输出流动性。现在受金融危机和债务危机影响，欧洲也将长期实施低利率甚至“债务货币化”政策，欧元和英镑也必将步日元和美元后尘，成为新的“套利交易”货币。

如果主要发达国家长期维持低利率，大量流动性必然会涌向发展前景较好的新兴经济体，带来巨大的汇率升值和通货膨胀压力以及资产价格泡沫的放大。新兴经济体的宏观经济稳定和政策调控将面临严峻的考验。

2. 发展中国家将逐步改变世界经济版图

此次危机爆发于发达国家，其金融体系出现了严重的问题。未来发达国家即使能够走出衰退，经济增长可能也会保持在一个比较低的水平上。事实上，自20世纪70年代两次能源危机之后，欧洲大陆的发达国家经济就始终处于低迷的状态。20世纪90年代经济泡沫破灭之后，日本经济也陷入了长期的停滞。以美英为首的英语系发达国家，通过放松管制和经济全球化，在过去20多年中维持了比较好的增长态势，但在这次危机中受到的打击最大，很可能也会步其他发达国家后尘，进入长期的停滞状态。

发展中国家虽然增长速度高于发达国家，但经济波动幅度比较大，而且内部发展也十分不平衡。在20世纪80年代和90年代，除了东亚地区之外，其他主要发展中国家区域占世界经济比重实际上是下降的。

只有进入21世纪之后，随着经济全球化加速和资源产品价格暴涨，发展中国家才出现了全面的增长。这次危机也重创了发展中国家的经济，特别是那些严重依赖外部资金和市场的国家。现在的问题是：如果发达国家经济长期处于低迷状态，发展中国家能否维持高速增长并进而改变世界经济格局？

需要说明的是，此次危机对发达国家和发展中国家的影响是不一样的。总体而言，危机爆发于发达国家，其性质是一次资产价格泡沫破灭引发的危机，其金融体系的恢复将十分漫长。而对于多数发展中国家而言，此次危机尽管影响很大，仍然是一次传统意义上的周期性衰退。从宏观基本面来看，美国等发达国家储蓄率低、面临财政和经常账户双赤字；而很多发展中国家储蓄率高，在财政和外汇储备有相当的积累，因此刺激经济增长的政策空间要大于发达国家。从长期发展潜力来看，由于工业化和城市化早已完成，人口结构日益老化，发达国家一个接一个陷入长期停滞绝不是偶然的。而发展中国家工业化和城市化方兴未艾，劳动力数量和素质不断提升，如果能继续推进市场化改革，经济增长的长期前景依然看好。

因此，即使发达国家经济长期处于低迷状态，预计发展中国家仍能保持较好的增长态势，在世界经济中的比重将不断提升，世界经济版图将因此而改写。但是，这种改变仍将是不平衡的。那些金融市场外资比重较大、经济增长高度依赖出口且出口结构单一、自身存在比较严重的资产价格泡沫的国家经济增长的风险也会比较大。而那些国内经济规模较大、财政和金融状况稳健、外汇储备充实的国家有能力维持经济的长期增长。这些国家在世界经济的影响力将越来越大，并成为带动其他发展中国家增长的核心力量。

3. 全球化进程不会倒退，但可能出现结构性变化

在前一阶段，以国际贸易和国际直接投资的快速发展为标志的经济全球化是推动世界经济增长的重要因素。但在经济处于衰退和不景气的时候，贸易保护主义、孤立主义特别容易滋生。20世纪30年代大萧条

之所以旷日持久，一个很重要的原因就是西方国家采取了贸易保护措施，导致国际贸易体系坍塌。这次的金融危机和经济衰退如此严重，使得人们不得不担忧：贸易保护主义会否显著上升？经济全球化进程会否倒退？

从目前的发展态势来看，出现上述情形的可能性不大。首先，大萧条的教训如此深刻，没有国家会冒天下之大不韪犯同样的错误。相反，很多国家在这次危机中反复强调维护国际贸易体系的重要性。其次，当前的国际贸易有一个权威性的世界贸易组织提供制度保障，一个国家很难单方面地采取全面的贸易保护措施而不受制裁。但是，在危机爆发之前，世界贸易组织多哈回合进程就一直不能取得进展，连发展很快的区域贸易协定也出现了放缓的迹象。在当前经济显著衰退的情况下，多边贸易自由化取得突破的可能性也很小。

此次危机的一个直接后果就是严重的信贷紧缩，在短期内企业将减少包括跨国投资在内的一切投资，全球外国直接投资额会出现显著下降。但由于投资成为稀缺资源，各国对外国直接投资可能会采取更欢迎的态度，相关的限制政策也会进一步放松。国际直接投资的自由化反而可能会取得一些进展。相比之下，金融资本的自由流动将会受到比以前更严厉地监管，各国对金融市场的开放也会更加谨慎。金融全球化的发展必然会放慢脚步。

因此，最可能出现的结果就是贸易自由化维持现状，国际直接投资自由化取得一定进展，金融全球化进程放缓。

4. 国际货币金融体系改革短期内难以实现

自布雷顿森林体系崩溃之后，形成了以美元为中心的多元储备和浮动汇率制为主的国际货币金融体系。但是这一体系是自然形成的，不是一种制度性的安排，没有一种可执行的约束力来要求美国承担维护这一体系的责任。美国在制订国内经济政策时，根本不考虑对国际货币体系和国际经济的影响。随着国际经济格局的不断演变，这一体系内在的不稳定性导致国际金融市场经常性地大幅波动，国际收支严重失衡，各种金融危机频频爆发。

多年来，要求改革现有国际货币金融体系的呼声很高，但以美英为首的发达国家对此置若罔闻。在遭受到这一次金融危机的重创之后，改革的共识有望形成。当前，各国政府的主要精力放在挽救经济上，暂时还没有对改革国际货币金融体系提出具体的方案。但是，任何改革方案都必须回答以下两个问题：

一是改革的内容是什么。首先，应该加强国际资本流动和国际金融市场监管，这是一个比较容易取得共识的改革内容。其次，改革现有的汇率制度和外汇储备制度。这个问题牵涉到国家利益和国际经济格局的转变，争议会比较大、操作起来也比较难。美国会心甘情愿地坐视美元国际货币储备地位地减弱？即便如此，又有哪种货币能够取代美元？

二是建立一种什么样的制度性安排。如果是无约束力的，那么再好的改革措施可能也无法落到实处，最后必然是回到后布雷顿森林体系的状态。如果是有约束力的，那么应该通过一个什么样制度性安排落实和执行各项改革措施呢？是否需要建立一个世界中央银行，对国际资本流动、国际金融市场和国际收支平衡制订规则并实施监管，就像世界贸易组织之于国际贸易活动那样？这个世界中央银行应该如何组成和运行？是另起炉灶还是改造现有的国际货币基金组织？

鉴于国际货币金融体系改革牵涉到诸如货币发行和金融监管等根本性国家利益和权力，未来有关争论将会非常激烈，达成一致殊为不易。因此，在未来数年内国际货币金融体系维持现状的可能性很大，国际金融市场将继续动荡。最近爆发的主权债务危机证明了这一点。之后可能出现两种情形。一是金融危机和经济危机结束之后，国际货币金融体系找到一个新的平衡点，但这一平衡仍然是暂时的；二是金融危机和经济衰退持续恶化，终于迫使各国就国际货币金融体系改革达成共识，一个长期稳定的制度性安排确立。

5. 可持续发展的重要性会有所降低

可持续发展问题提出的背景是经济增长与资源环境约束的矛盾。往往是经济增长越快、资源环境压力越大的时候，可持续发展问题就越受关注。在当前世界经济遇到严重危机、经济大幅减速的情况下，可持续发展的重要性可能会有所下降。一方面，各国政府将优先考虑经济和就业增长问题；另一方面，经济活动的萎缩必然会降低资源环境的压力。欧盟最新通过的《气候变化协定》与原有目标相比有所退让，可能在一定程度上反映了当前的经济形势。

危机爆发之后，部分西方国家提出利用应对危机的契机，转变经济增长方式，走低碳发展的道路。其动机是想占领未来科技革命的制高点，并打压发展中国家实现工业化的增长空间。但是这种策略可能难以奏效。主要原因在于新能源和低碳技术还不成熟，离大规模商业化还有很大距离，在短期内难以取代传统的化石燃料。而且，当前化石燃料供应仍比较充足，价格也比较合理，因此仍是实现经济发展所可以依赖的能源。

因此，如果世界经济长时间内低速增长，可持续发展议题的重要性会有所降低。但是，对于那些经济将继续高速增长的国家和地区而言，资源和环境的约束仍将存在。特别是随着发展中国家崛起威胁到了发达国家在世界经济中的主导地位，不排除发达国家会利用可持续发展议题对发展中国家进行打压。对于部分发展中国家而言，可持续发展问题的国际压力反而可能会增大。

三、金融危机给中国发展带来的挑战和机遇

（一）中国在当今世界经济中的地位和作用

得益于改革开放30年来的高速增长，中国在世界经济中的地位及影响力与日俱增。首先，中国成为世界经济和贸易增长的主要动力之一。按名义汇率计算，2007年中国占全球GDP的比重为6%，排名全球第三，对世界经济增长的贡献率仅次于美国。按购买力平价计算，中

国占全球 GDP 的比重为 12%，排名全球第二。2007 年中国进出口占全球货物贸易的比重为 7.7%，是世界第三大贸易国，对全球贸易增长的贡献率排名世界第一。

第二，中国成为世界上重要的投资目的地和资金来源国。中国已多年来成为吸收外商直接投资最多的发展中国家，在全球排名也稳居前三位。近年来，中国对外直接投资也迅速增长，据联合国贸发会议统计，2007 年中国对外直接投资达到 245 亿美元，是 2004 年的 4 倍，在发展经济体中仅次于中国香港和英属维京群岛。2008 年中国外汇储备突破 1.9 万亿美元，成为全球外汇储备最多的国家，是稳定国际金融市场的重要力量。

第三，中国成为全球生产链的重要环节和原材料、中间产品的重要市场。2007 年，我国制造业产品出口排名世界第二，其中钢铁、办公和通讯设备、电信设备、纺织、服装出口均排名世界第一。通过产业链关系，亚洲新兴工业经济体、东盟乃至日本的出口和经济增长越来越依赖于中国市场。我国进口大量初级产品成为带动非洲、拉美等地资源出口国经济增长的重要因素。

尽管金融危机也给中国带来了很大冲击，但由于中国采取了坚决果断的应对措施，中国经济在全球的地位反而进一步上升。2009 年，中国超过美国和德国成为世界第一大出口国，并超过德国成为世界第二大进口国。按照目前的发展势头，到 2030 年，中国有可能超过美国成为世界第一大市场、能源消费国和第一大经济体，占全球 GDP 总量的 1/5 左右，成为对世界经济影响最大的国家之一。

（二）重新审视未来中国发展所面对的挑战和机遇

中国能取得这样的成就，除了改革开放政策和自身独有的比较优势之外，也得益于过去 30 年来良好的国际经济环境。但在史无前例的国际金融危机的影响下，国际经济环境发生了重大变化，原来对世界经济发展所做的预测以及中国应采取的对策都必须调整，需要重新审视未来我国发展所面对的挑战和机遇。

1. 世界经济减速

我国参与国际分工程度较高，受国际经济波动影响较大。如果世界经济持续低速增长，就必须相应调低我国经济特别是对外经济的增长预期。未来我国应力求保持8%的GDP年增长率，对外经济增长速度应不低于国民经济增速。这样的速度和前几年相比有一定程度的下降，而且在当前金融危机和全球经济衰退的大背景下，取得这样的增长也并不容易。这是世界经济减速带给中国最大的挑战。

但是和其他国家相比，中国能取得这样的增长速度就已经很不错了。例如，虽然在危机中中国出口出现了负增长，但其他国家出口下降幅度更大，中国产品在全球市场的份额反而有所提升。事实上，一个国家在世界经济中的地位既取决于其绝对实力，也取决于其相对实力。如果其他国家经济增速下降幅度更大，那么中国在世界经济中的份额可能会上升得更快，赶超发达国家的速度可能还会提前。

如2009年全球GDP增长率为负0.6%，而我国仍保持8.5%的增长速度。这意味着世界经济增长在很大程度上是依赖于中国，中国在世界经济中的经济影响力和话语权进一步上升。但随着中国国际经济地位的上升，其他国家对中国的期望值和要求也会水涨船高。发展中国家会希望中国能带动他们的增长，而发达国家则会要求按照他们的标准承担更多的所谓的“国际义务”，否则就不是一个“负责任”的大国。如何平衡好影响力提升与承担更多国际义务的要求，将是未来我国发展面临的一个长期挑战。

2. 全球化进程转变

在全球贸易自由化难以取得进展和发达国家经济长期低迷的情况下，我国出口份额如果继续提升，难免不会引起相关国家的反弹。例如，在危机中美国的贸易逆差一度大幅下滑，但随着经济复苏逆差再度扩大，特别是与我国的双边贸易逆差始终保持在高位，两国在贸易和汇率问题上的摩擦再度成为双边经贸关系中的焦点。

为了吸引资金和刺激投资，世界各国对待外国直接投资政策可能会有所放宽。一些国家过去出于国家安全的考虑不对外开放的行业，如能源和金融行业，在这次危机之后，为了吸引投资也对中国企业开放。我国的外汇储备最丰厚，这时候“走出去”能够以非常低廉的价格买到优质资产。可以说，金融危机给中国企业“走出去”带来了机遇。

金融全球化速度的放慢对我国的影响可能是中性的。一方面，我国对金融业开放一直都比较慎重，事实也证明这是正确的，今后将继续采取以我为主、渐进式地开放策略。另一方面，我国金融企业参与国际金融市场竞争的水平还比较低，金融全球化的放缓不会对我国金融企业国际化经营产生实质性的影响。唯一的风险就是我们从金融危机中得到了错误的教训，放慢了国内金融业改革和发展的速度，这将不利于我国经济的长期发展。

3. 重建国际货币金融体系

尽管我国经济总量很大，外汇储备世界第一，但由于金融业发展水平比较低，人民币也不是自由可兑换货币，我国在国际货币金融体系中没有太大的发言权，更多是扮演一个被动接受者的角色。尽管各国都有改革现有体系的愿望，但具体怎么改却难以形成共识。重建国际货币金融体系将是一个漫长的过程。在向新的体系的过渡期内，国际金融市场将继续动荡，这对我国的发展十分不利。

比如说，国际外汇市场的大幅波动会给我国的汇率政策和外汇储备的管理带来很大的挑战。从短期来看，美元持续坚挺有助于我国外汇储备的保值增值，但非常不利于我国出口。从长期来看，西方国家经济普遍前景不佳，利率偏低，持有这些国家的外汇资产的收益率都有缩水风险。如何调整外汇储备的结构？是否应建立能源、黄金等实物储备？在国际货币金融体系急剧变化的时期要回答好这些问题并不容易。

若中国经济保持一枝独秀，在国际金融危机平静之后，新兴市场的风险溢价会有所降低，人民币可能重新面对升值压力。如果金融业发展水平和资本账户开放程度能跟得上，我们可以将这一压力转化为人民币国际化的推力。因此，国际货币金融体系的调整对于中国是挑战还是机遇，在很大程度上将取决于人民币国际化的进展情况。

4. 资源与环境制约

如果假定世界经济在未来一段时期内低速增长，那么环境资源的压力将会有所减少，获取经济发展所需要的能源和资源的成本比以前更低，为我国工业化、城市化进程争取了更有利的条件。但是，这段时期可能不会太长。能源和资源产品价格的下跌主要是由于金融危机和经济衰退导致的需求下降，在供给方面并没有出现明显改善。若世界经济逐步走出低谷之后需求回升，供求之间的矛盾可能会重新显现。而且，如果能源和资源产品价格过低，也不利于节能减排和转变发展方式。此外，如果中国经济继续保持较快增长，尽管在全球范围内资源环境的压力会有所降低，但有限的国际压力可能会更加聚焦于中国。对于这种可能性我们要有思想准备。

（三）抓住机遇、积极应对金融危机的政策建议

由于对外开放程度较高，这场史无前例的国际金融危机对我国经济增长也带来了较大冲击，如外部需求减弱，对外金融投资受损等等。由于此次国际金融危机和国内经济扩张周期的拐点几乎同步出现，我国经济的下行压力很大。通过实施积极的财政和货币政策，我国在全球主要经济体中率先实现了经济回升向好，成功地应对了危机第一阶段带来的挑战。但主权债务危机的爆发说明，危机还远远没有结束，未来我国将面对世界经济和金融市场持续动荡的挑战。

因此，除了短期反周期措施之外，我们需要寻求保持中国经济长期可持续增长的动力和源泉。非常时期必须采取非常手段，才能有效应对国际经济形势急剧变化带来的机遇与挑战。具体政策建议如下：

1. 加快关键性改革步伐以扩大内需

深化体制改革，可以提高经济运行效率，同样的投入可以带来更高的产出。前几年经济形势较好，各方面都缺乏改革动力。现在国内外经

济形势发生了逆转，改革的共识容易凝聚。我们应该利用当前国际大宗商品价格显著下跌的契机，推动资源性产品价格改革。深化财税体制改革，实现生产型增值税向消费型增值税转型。加快垄断行业改革，引入竞争机制，实现彻底的政企分开。特别值得一提的是，金融体制改革不能放松，我国金融业发展水平还很落后，在加强监管的同时必须鼓励金融创新和金融行业的大发展。只有建立一个发达完善的金融市场，中国的经济才能保持健康高速的发展，才能在未来国际货币金融体系的重建中有发言权。

2. 正确处理外需与内需的关系

确立以内需为主、积极利用外需的基本原则，充分利用全球资源促进我国经济发展方式的转变。深化改革，建立有利于提高资源效率、促进创新、保护环境和实现社会和谐的体制环境。确立以提升国际竞争力为基本目标的对外开放战略。

3. 采取积极措施鼓励企业“走出去”

尽快出台有关国内企业对外投资的法律法规，通过提供资金和信用保险、简化审批程序等手段，鼓励国内企业“走出去”。在可以控制风险的情况下，鼓励国内企业收购有上下游关系的国际知名企业、品牌和技术。

4. 积极、主动地参与世界经济新秩序的重建

如果应对得当，中国很有可能率先摆脱金融危机的负面影响，继续保持高速稳定的经济增长，并因此在未来一段时期内，成为对世界经济增长贡献最大的国家。我们要抓住世界经济格局发生重大转变的机遇，充分发挥我国不断上升的影响力，积极、主动地参与世界经济新秩序的重建过程，为实现国家的和平发展创造出一个最有利的外部环境。

首先，我们应坚决维护多边贸易体制，推动多哈回合贸易谈判进程，加快实施自由贸易区战略，与主要贸易伙伴加强合作，抵御贸易保护主义。

其次，在做好防范金融风险的前提下，适当参与各国针对金融危机

的救市行动。参与国际救市行动应掌握三个原则：一是优先扶持自己的企业；二是优先与周边国家和地区合作；三是优先帮助发展中国家。

第三，加强开展与发展中国家的经济关系。帮助发展中国家抵御金融危机和经济衰退的短期影响，与更多的发展中国家建立自由贸易关系，鼓励企业到发展中国家投资，团结发展中国家反对贸易保护主义、在可持续发展议题上与发展中国家协调立场。

最后，在建设新的国际货币金融体系的讨论中，我们应主动参与，而且要提出自己的方案。这一方案可以包含下列内容：未来的国际货币金融体系中以何种货币做储备货币？是否需要建立一个世界中央银行，起最后贷款人和金融监管者的作用？包括中国在内的主要国家在这一体系中扮演什么样的角色？为此，我们现在就要做好物质和理论上的准备。

第七章

美国金融危机对我国的启示

美国金融危机是20世纪30年代大萧条以来最严重的金融危机，不仅对实体经济带来了巨大的冲击，也动摇了西方国家长期奉行的经济政策理念，其教训不可谓不深刻。为了避免危机的重演，美国等西方国家已经提出了一系列金融改革措施。这些都对我国金融业的发展有很好的借鉴意义。但由于两国的国情不同，我们需要根据中国的实际情况，有的放矢地从美国金融危机中吸取经验和教训。

一、继续推动我国金融业的改革开放

由于处于不同的发展阶段，中美两国金融业面临的问题是不一样的。美国有着全世界最发达的金融市场，而中国的金融业改革开放时间较短，水平仍比较落后。比如说，这次危机暴露出美国金融创新过度的问题。相比之下，虽然我国场外衍生品市场在较短时间内取得较快发展，但仍处于初级阶段，品种少，规模小；只有远期、互换等最为基础的品种，缺乏期权产品；还没有信用类的风险管理工具；交易量与发达国家相比也存在相当大差距。因此暂时不用担心衍生产品带来的系统性风险。我国面临的问题可能更多的是金融创新的不足。

但是随着中国金融业的不断发展，将来我们也可能会面临类似的问题。所有的发达国家在其经济发展过程中都经历过金融危机，主要的新兴经济体在过去 30 年中也都经历过金融危机。虽然我们可能短期内不会出现美国那样金融创新过度影响金融稳定的情况，但我们仍然有可能出现周期性的资产价格泡沫，并经历与其他新兴经济体类似的银行危机、货币危机和债务危机。正如《金融危机史》一书中所说的：危机的细节尽管不同，但结构都是一样的。美国危机中表现出的金融危机一些原则性和共性的问题仍然值得我们借鉴。

这次危机我们的金融机构没出大的问题，很大程度上就是得益于国有商业银行改革的成功。在 20 世纪 90 年代末之前，中国银行业在技术上已经破产了。亚洲金融危机使我们意识到化解金融风险、推进金融改革、保证银行业健康发展在整个经济发展中的重要作用。所以中央决定对国有商业银行进行改革，通过剥离不良贷款、国家注资、引进国外投资者、发行股票公开上市等步骤，改善了商业银行的公司治理，大大提升了银行业的竞争力和风险控制能力。

此外，我国的金融业开放度不高，特别是资本项目没有完全开放，也阻隔了国际金融危机的传染效应。过去 30 年发展中国家的经验表明，金融业开放的次序不当或是开放度掌握不好，很容易引发金融危机。而我国在金融业对外开放的过程中，始终都强调对外开放中的风险控制，坚持以我为主的主动开放战略。充分利用 WTO 过渡期保护条款，对银行业开放采取渐进、审慎、有序的原则，先外币后本币、先沿海后内地，很好地控制了开放进度和节奏。

对于下一步我国金融业还要不要对外开放、怎样对外开放还存在一定的不同意见。有人认为，我国金融业对外开放程度已经较高，不仅远远高于许多发展中国家，就是和部分发达国家相比也不遑多让，对进一步开放有所保留。

回想加入世界贸易组织之前，国人十分担心国外产品和企业对本土竞争力较薄弱的产业带来的冲击，当时大家最担心的是两个产业：汽车和金融。汽车业的发展大家都已经熟知了。中国的汽车业不仅没有因受到冲击而垮掉，反而迅速发展成为世界第一大汽车产销国。

入世之后，中国的金融业也取得了飞速发展，对外开放不仅没有削弱中国本土企业的实力，反而使本土企业竞争力大大提升，不仅为消费者提供了更多、更好的服务，也有力地推动了中国经济的发展。实践证明，中国企业不怕竞争、不怕开放，而且往往是越开放、越发展。为什么会出现这种情况呢？

这是因为中国企业具备两大竞争优势：市场规模优势和后发优势。由于中国市场规模大且增长迅速，即使外资进来也只能占据很小一块市场，本土企业可以充分依托本地市场发展壮大。中国本土银行具有多年建立的庞大的营业网点，如果外资银行也建立类似的网络，必须投入巨大的成本和时间，几乎是一个不可能完成的任务。相反，一些东欧小国对外开放之后，银行业几乎完全被外资占领，这就是市场规模差异造成的不同结果。而中国的保险行业虽然起步也很晚，但充分发挥后发优势，通过学习外资企业先进的技术、管理和营销知识，迅速地缩小与外资企业的差距，甚至与之展开全面竞争。尽管在保险业中外资进入较早和较多，但中国本土企业不论是在市场占有率和利润率等方面都占据了上风。因此，从促进中国金融业发展的角度来看，要不要进一步对外开放是毋庸置疑的。而且，不论是银行、证券和保险行业，我们未来开放的空间都很大。

总体而言，当前我国的对外开放格局是加入世贸组织谈判时大体确定的，对前一阶段我国的经济增长和国际竞争力的提升起到了重要作用。随着我国综合国力和国际分工地位的显著上升，特别是经济连年高速增长带来的资源与环境的压力，亟须我们转变经济发展方式。而国际金融危机的爆发使世界经济格局发生了重大变化，为我国充分利用外部资源、实现和平崛起带来了新的机遇和挑战。为了适应这些新的变化，迫切需要我们实施新一轮的对外开放战略，扩大开放内容，提高开放水平。在我国制造业总体开放水平较高的情况下，下一步的开放重点应该是服务业，而金融业理应成为服务业开放的重中之重。

在扩大金融业开放的时候要把握好两个原则：一是既要对外开放、也要对内开放；二是既要允许外资企业和资金进来，也要允许中资企业和资金出去。我们的银行业允许外资进入，却不允许国内私企进入，这是非常不公平、不合理的，一定要尽快解决。此外，我们对自己人对外投资的限制仍然很多，既不利于我国不断积累的外汇储备的向外流动，也不利于我国企业和居民利用外部市场所带来的机遇，应加大力度放松对外投资限制。

但是，对于资本项目开放我们还需要慎重处理。我国在如何防范开放条件下跨境金融风险的传递、危机管理和风险快速处置机制等方面，目前还存在比较大的空缺，也缺少经验和能力，我们应加快这方面的研究，尽快建立有效的制度和办法。

改革和开放是不可分的。开放就是改革的一部分，而改革就是对内开放，通过对外开放可以促进对内改革。理论和实践都证明，金融业的发展可以提高资金分配效率、降低信息和交易成本、分散资金风险，对经济增长有积极的贡献。许多发展中国家经济增长缓慢，或是增长潜力不能充分发挥，很大程度上是金融业发展水平落后造成的。虽然过去一段时期我国经济增长速度很快，但考虑到我国拥有全球最高的投资率和储蓄率，实际上我们的投资效率是在不断下降的。从提高资金分配效率的角度而言，中国的金融业仍然有很多需要改进和发展的空间。展望未来，我们应坚定不移地推进中国金融业的改革与开放。

二、保持货币政策的灵活性和稳定性，择机调控资产价格

过去30年中，在宽松的宏观政策和金融管制不断放松的背景下，美国曾屡次出现局部性的资产价格泡沫和危机。在这些泡沫的累积下，终于形成了21世纪以来的一个超级房地产和金融衍生品泡沫，这次的金融危机就是长期积累的问题的总爆发。美联储的错误在于从来没有把资产价格纳入货币政策调控目标。正因为货币当局只盯消费物价指数，在2003年美国出现轻微通缩迹象的时候，美联储为避免重蹈20世纪30年代大萧条和90年代日本的覆辙，才把利率降到1%的低水平并保持一年之久，而全然没有考虑这一低利率政策对房地产市场可能产生的影响。当时美国的房价已经连涨6年，而且自2000年起进入加速上涨阶段，如果资产价格也是货币政策调控目标，美联储当时就不会把利率降得那么低。

近年来，在资金充裕、利率较低的环境下，我国证券市场和房地产价格上涨很快，股票市场和房地产价值占GDP的比重明显上升，对经济平稳增长、消费和投资的影响越来越显著。据统计，全国房地产开发企业总资产占GDP的比重从2000年的25%迅速提高到2007年的43%，股票市场上市公司总市值占GDP的比重在2007年曾一度达到127%。金融危机爆发后，资产价格曾显著回落，但随着全球经济复苏又迅速回升。从长期来看，随着股市、房市的进一步发展，未来资产价值会长期在GDP中占据较高的比重。资产价值已经成为我国居民和企业财富的重要组成部分，资产价格的剧烈波动势必导致消费和投资的剧烈波动，进而影响货币政策保持价格稳定和国民经济平稳增长的政策目标。从世界历史上几次主要的金融危机看，如果坐视资产价格泡沫形成，一旦泡沫破裂，将严重损害金融机构、企业和居

民的资产负债表，引发金融危机和严重的经济衰退。因此，货币政策要关注资产价格的变化情况，保持预期的稳定和金融市场的平滑。既要避免过低的利率刺激资产泡沫的快速形成，也要避免在宏观经济发生变化时，过快地提高利率和收缩流动性，导致金融市场和资产价格的大幅调整。

但是，是否应该将资产价格直接作为调控目标，目前还存在争议。美联储在2001年纳斯达克股票泡沫破灭之后专门对此问题作了研究，得出了否定的结论。他们认为，资产泡沫很难认定，而且政府并不比市场聪明。可在实践中，虽然对资产价格上涨不予干预，但每次资产价格大幅下跌的时候，由于担心影响到金融稳定，美联储每次都积极出手，通过减息、注入流动性等手段稳定资产价格。这种不对称的干预造成了严重的道德风险，是美国一直以来泡沫不断的一个重要原因。

既然泡沫破裂会引发严重的后果，那么政府不但要在泡沫破裂的时候干预，也要在泡沫形成的时候进行干预，而且后者的代价可能会更小一些。资产泡沫和金融危机的频频爆发也充分说明，金融市场未必总是有效的，投资者也不都是理性的。从这个角度来说，我国政府一直对资产价格泡沫是比较警惕的。特别是股票市场从建立以来，有关部门一直对股票价格采取多种形式进行调控。而且调控方向是对称的，上涨过快会调控，下跌过快同样会调控。由于我国的资本市场还很不成熟，监管的能力和手段也比较落后，政府从宏观层面进行适当的调控是完全必要的。

与房地产市场相比，股票市场的杠杆率较低，因此股票泡沫的破灭对金融体系和实体经济的冲击要远远小于房地产泡沫的破灭。改革开放以来我国只出现过局部性的房地产泡沫，还没有出现过全国性的房地产泡沫。近一段时期，我国部分城市房地产价格上涨较快，是否形成了泡沫还存在争议。由于房地产业对经济增长的贡献较大，各级政府实际上是希望房价不断上涨的。国际金融危机爆发后，我国房地产价格曾出现短暂的回落，但在各种鼓励政策以及经济形势好转的刺激下，房价以更快的速度上涨。其他国家的经验表明，没有只升不降的房价，房地产泡沫一旦破裂，往往会引发严重的金融危机。正因为吸取了其他国家的教训，中央才下决心对房地产市场进行调控，防止泡沫的蔓延和扩大，这种做法是完全正确的。

但是，对于政府是否应该调控资产价格泡沫，还存在很多不同意见，这里既有理论上的原因，也有实际上的考虑。首先，是如何识别泡沫的问题。如果政府要刺破泡沫，首先就必须界定泡沫，这里面又暗含着一个假设，即政府比市场更聪明，更能了解资产价格的合理水平是多少。这个假设是否合理？

例如，1996 年美国股票不断上涨，美联储主席格林斯潘认为股票市场过热，发表了“非理性繁荣”的著名讲话。那个时候美国道琼斯指数的点位是 6800 点，而之后美国股市继续上涨了 3 年多，直到 2000 年达到 11000 点的水平这一轮牛市才终结。而在后一轮熊市中道琼斯指数最低也只跌到 7400 点，之后在新一轮牛市中一直涨到 14000 点，只是在 2008 年爆发了二战以来最严重的金融危机后，才跌到 6500 点。

格林斯潘本人是反对干预资产价格的，但假如政府赋予了美联储调控的权力，那么按照格林斯潘的判断，政府很可能在 6800 点就进行干预。根据事后的发展来看，显然在这个点位进行干预是过早了。房地产市场同样也存在这个问题。早在 2001 年就有人认为美国房地产市场有泡沫，结果房价一直上涨到 2006 年泡沫才破灭。如果政府在 2001 年就开始控制房价，那么很可能干预过早，给经济增长带来损害。

由于历史上已经发生过多次资产价格泡沫，通过总结历史至少可以得出一些原则性和一般性的经验，用来估计泡沫的程度。比如说，每当标准普尔 500 指数市盈率达到 22 倍以上的时候，美国股市都会见顶，而中国股市几次见顶都是在上市公司市盈率达到 60 倍以上的时候。如果政府想对股市进行干预，就可以用上述指标作参考。如果政府判断失误，过早地干预会怎么样呢？首先，干预过早肯定比干预过迟要好，干预早了可能会抑制相关市场的发展，但不干预可能会造成金融危机，影响整个经济，孰轻孰重一目了然。其次，可以运用试错机制对错误的干预进行调整，这与央行利用货币政策调控物价是一个道理。

第二个问题是运用何种政策工具调控资产价格，特别是应不应该由央行利用货币政策来调控资产价格。多数国家央行的首要任务是物价稳定，然后才是经济增长和充分就业。在某些国家，央行还被赋予金融稳定的职责。有些理论认为，为了保证央行的独立性和单纯性，应该仅赋予央行一个职责，即保证物价稳定，防止通货膨胀。如果赋予央行太多的职责，会导致目标冲突，限制央行可选择的政策工具和空间。比如说，物价稳定和充分就业两个目标在很多情况下就是矛盾的，两者不可兼得，如果再增加一个调控资产价格的职责，央行可能将无所适从。

理论上而言，央行掌控着货币供给和利率等政策工具，通过货币政策调控资产价格应该是能够起作用的。不管是否由央行来总负责，央行肯定是资产价格调控机制的一个不可分割的部分。但是，世界各国的历史也表明，资产泡沫形成的原因非常复杂，绝不仅仅是货币太多或是利率太低造成的，因此仅仅依靠货币政策也不一定能够抑制资产泡沫。《金融危机史》一书曾这样总结：过多的货币导致通货膨胀，而过多的信贷导致资产泡沫。抑制泡沫的最根本的原因是为了防范金融危机。如果资产价格的上升主要是投资者自有资金推动的，来源于其他渠道的借贷很少，杠杆率较低，即使泡沫破裂也不会对金融体系和实体经济造成较大影响，这种情况下政府就未必需要干预。反之，在杠杆率很高的情况下，政府的首要任务是去杠杆化，保障金融体系的安全。因此，为了抑制泡沫，仅仅调整货币供给和利率是不够的，更重要的可能是要控制信贷。此外，在泡沫的高潮阶段，仅仅提升资金成本可能已不足以打消投机狂潮，这时候可能就需要深度挖掘泡沫的形成的制度性原因，采用多管齐下的方法有的放矢地进行调控。比如说2010年我国对房地产市场的调控，并没有动用利率工具，而是以信贷政策为主，辅之以土地政策、税收政策、产业政策等，对遏制房价的进一步上涨发挥了积极有效的作用。

三、完善监管方法，制定逆周期的政策工具

按照明斯基的理论，信贷供应的顺周期性是导致资产价格泡沫和金融危机屡屡发生的根本原因。经济好的时候，投资者对未来前景乐观，借贷的需求上升。同时，金融机构也认为这时候风险小，而更愿意放贷。信贷的扩张很容易形成经济过热和资产价格泡沫。当经济增长或资产价格上升开始放慢的时候，信贷损失开始出现，投资者和金融机构可能会变得更加谨慎，开始收紧信贷。信贷紧缩的结果会导致新一轮的资产价格下跌和信贷损失，严重的情况下会导致金融危机。

因此，该理论的政策含义是非常清晰的，即监管当局应该逆周期而行，在经济好、银行体系资产状况良好时要收紧信贷，在经济不好、银行体系资产质量差的时候应放松信贷。在实践中，这样做并不容易。在经济繁荣期，所有人都乐观，包括政府在内。资产价格不断上涨使得金融体系的资产负债表很好看，资本充足率要求可以轻易达到，监管当局也看不到危险，甚至认为金融机构风险控制做得很好而放松管制。一旦危机发生之后，政府发现金融体系存在很大问题，又开始加强监管。也就是说，不但金融机构和投资者行为有顺周期性，政府的监管行为同样存在顺周期性。此次国际金融危机表明，新资本协议、拨备计提、外部信用评级和公允价值会计准则等金融监管政策和工具具有内在的顺周期性，在一定程度上强化了经济周期的波动性，助推了危机的发展。而这些措施恰恰是为了解决以前危机中暴露出来的问题而产生的。

例如，巴塞尔新资本协议的出现就是为了提升银行的资本充足率，避免20世纪70年代末、80年代初拉美债务危机引发的美国银行业危机的重演。按照新资本协议要求计算资本充足率时，在经济上行时风险权重通常较低，资本充足率较高，金融机构倾向于提高杠杆率，而在经济衰退时则恰恰相反。又如，以实际发生损失为依据的拨备计提制度，导致在经济上升期、金融机构不良贷款率低时计提的拨备金额也低，由此促进了金融机构的放贷冲动，加剧了经济金融体系的顺周期性。公允价值会计准则是为了应对2002年美国安然公司会计丑闻而实行的新措施。该准则虽然较之历史成本法更能准确反映资产和负债的实时价值，但也加剧了资产和负债价格的波动，形成“价格下跌——资产减计——恐慌性抛售——价格进一步下跌”的恶性循环。而信用评级机构在这次危机中也扮演了不光彩的角色。在危机前，评级机构给予大量的房地产相关金融衍生产品过高的评级，导致风险被低估，许多投资者因此购买过多的衍生产品，助推了泡沫的放大。一旦泡沫破裂，评级机构又一次性地大批降低相关衍生产品的评级，导致市场恐慌性抛售，进一步打压了相关产品的价格。此外，一些金融机构过度依赖批发市场融资作为资金来源，流动性风险大，在危机发生时，许多金融机构在同一时间急于出售风险资产，助推了金融市场的动荡。

在我国，由于体制方面的原因，采取逆周期的政策往往更容易且更有效。首先，在稳定压倒一切的大背景下，我国政府高度重视金融稳定，宁可发展速度慢一点，也不希望金融业出大问题。其次，由于我国仍处于从计划经济向市场经济转轨的阶段，政府对金融市场有效性和投资者理性的信任度不像西方国家那么高，因此对金融市场的干预也更频繁。第三，主要的金融机构都是国有企业，企业及其管理层的效用函数不一定是追求利润最大化，政府可以通过行政等非市场化的手段对企业进行直接干预。第四，我国政府掌握的政策工具远远多于市场发达国家，因此政府采取逆周期的能力和效果都会很强。

因此，不论是在经济上行时收紧信贷还是在经济下行时放松信贷，政府既在主观上有这个意愿，也在客观上具备这个能力。在这次金融危机后，人民银行降息的力度与其他国家相比不算大，但我们的信贷扩张规模却是空前的，有力地支持了经济复苏。而当我国经济增长强劲且世界经济开始复苏之后，我国的银行监管部门又主动收缩信贷、提高银行资本充足率要求，虽然在短期内可能会使经济增速回落，但有助于金融机构防范风险，长远来看更有利于经济的可持续增长。应该说，我国的银行监管部门在这次危机的前后较好地把握了逆周期而行的原则。

在证券市场，西方国家基本上从不直接干预，但我国监管部门的干预则比较频繁，这种干预是有一定合理性的。因为中国的股市还很不成熟，内幕交易、股价操纵、利益输送、做假账等现象层出不穷，股市经常暴涨暴跌。在政府微观监管能力还很不完善的情况下，只能从宏观上予以调控。自中国股市诞生 20 年来，政府监管部门屡次在股市过度上涨或是下跌的时候进行逆周期式地干预，而且干预手段多样化。比如说调整印花税率、改变交易规则、控制新股发行节奏等，不仅对股市本身、甚至对整个金融体系的稳定起到了积极的作用。

再比如说我国对房地产市场的调控，可以说政府在很大程度上是可以左右房价的。首先，由于土地是国有，政府基本上就可以掌握房地产的供给。其次，政府掌握着财税政策，而且掣肘较少，可以以较快的速度和较大的力度出台相关政策。第三，中国的金融机构基本上是国有，政府可以通过行政手段干预房地产信贷。只要有决心让房价下跌，政府就一定能做到，反之亦然。

但随着金融体制改革的不断深入，最终我们必然要放弃行政干预，改为通过市场化的手段对金融机构和金融市场进行调控。吸收这次金融危机的教训，当前要研究加强对银行金融机构的资本要求，扩大资本覆盖范围，逐步建立逆周期的资本缓冲机制；完善现行的贷款损失准备政策，建立健全与新增贷款超常变化相联系的动态拨备要求；同时加强金融机构的流动性管理，改善金融机构资产负债期限错配。

此外，我们还应该建立和完善我国信用评级监管制度，支持国内评级公司发展。当前主要的国际信用评级机构问题较多。金融危机的事实表明，这些信用评级机构很难做到客观公正。但其影响力又非常大，常常可以决定一家企业、一种产品甚至一个国家信用的生死。特别是三大信用评级机构全部为美国企业，形成了事实上的垄断，却又缺乏足够的监管。在金融危机中犯下了巨大的错误却不需要承担一丝责任。危机爆发一年多来，由于美国金融监管改革进展缓慢，信用评级机构依然我行我素，在随后爆发的欧洲主权债务危机中再次扮演了可疑的角色。比如说，信用评级机构认为，希腊债务违约风险高因而将希腊的主权债务评级降低至垃圾级。由于许多投资机构按照自身的章程或是法律规定不能投资垃圾级债券，评级的降低将迫使这些机构抛售希腊国债，使希腊政府筹资困难，违约风险自然就高。因此，也许本来希腊违约风险没有那么高，但恰恰是评级机构的降级使违约风险上升了。即使评级机构主管上没有恶意，但其顺周期的行为恰恰使情况更加恶化。正因为如此，欧盟有关当局严厉批评国际评级机构的行为，表示要加强监管，并将建立自己的评级机构。在这个问题上，中国与欧洲有共同利益，应该加强合作。在我国自己的评级机构发展壮大之前，加强对国际信用评级机构的监管十分必要，具体的做法可以结合我国的实际并参考西方国家提出的监管方案。

四、加强宏观审慎监管，明确系统性风险的防范职责

由美国次贷危机引发的国际金融危机重创了全球经济金融体系，充分暴露出宏观审慎监管在保证整个金融体系稳健运行方面的严重不足，加强宏观审慎监管已成为国际社会金融监管改革的共识。

宏观审慎监管是与微观审慎监管相对应的监管手段和方法，主要以防范系统性风险为目标，通过对金融体系宏观的定量和定性分析以

及压力测试等手段，监测金融体系的脆弱性，识别潜在的系统性风险，并有针对性地对监管准则、标准或指标进行调整，以达到维护金融稳定、确保经济平稳发展的最终目标。宏观审慎监管和微观审慎监管在监管理念、目标、对象等方面都存在不同。宏观审慎监管着力于防范系统性风险，认为系统性风险取决于金融机构的集体行为或个体风险的叠加，以维护整个金融体系的稳定为目标；而微观审慎监管则关注单个金融机构的稳健性，认为单个金融机构稳定就足以保证整个金融体系的稳定，以防范单个金融机构风险为目标。总体而言，宏观审慎监管与微观审慎监管互为补充，是维护金融稳定不可缺失的支柱。

同时，美国金融危机的教训表明，不同行业的金融监管者更多关注所监管的行业和机构，缺乏系统性眼光，需要有一个主体明确对金融体系的整体风险负责，并且被赋予有效手段。以美国为例，在多个监管机构并存的体制下，没有一家机构被赋予系统性风险的监管职责，包括美联储在内的金融监管机构都没有从系统性角度关注金融体系的整体风险，导致金融风险不断积累并跨行业、跨市场传递。同时，由于缺乏信息共享的有效机制，金融信息处于分割状态，美联储缺乏判断金融体系联系和相互影响程度的全面信息，无法及时预警和判断危机形势。

近年来，我国金融监管在制度建设、监管方式和监管手段上都有明显改进和加强。随着我国金融业的快速发展和金融创新步伐加快，金融业综合经营稳步推进，交叉性金融产品不断涌现。为防范金融风险，促进金融业健康发展，需要处理好金融监管和金融创新的关系，健全金融监管协调机制建设，加强系统性风险管理，完善我国金融监管体系，切实维护金融体系稳定安全。

一是处理好金融监管和金融创新的关系。理论上说，没有监管会带来金融市场的混乱，但过多的监管又会抑制金融业的发展。美国此次危机带来的教训是金融创新泛滥，而监管严重滞后。我们的情况往往是监管水平太低而不敢创新。最近，美国政府和议会正在进行有关金融业改革的讨论。华尔街对此持强烈的反对态度，雇佣了大量游说团体试图阻挠金融监管改革的推行，其主要的理由就是监管将抑制金融创新。因此，最根本的问题在于，监管和创新到底是什么关系？两者之间有没有一个最佳的平衡点呢？

表面上看，创新是越多越好，所以限制创新是不对的。但是，这种逻辑没有区分创新带来的私人好处（成本）与社会好处（成本），也没有区分好的创新和坏的创新。对于创新者而言，创新可以带来利润，因此当然是越多越好。但是，某些创新可能是对社会有害的，因此根本就不应该出现。假如说一个毒贩发明了一种新的毒品，很受市场欢迎，按照定义这就是创新，但这种创新只对毒贩有好处，对整个社会是有百害而无一利，因此必须由政府出面来取缔。同样的道理，有的金融创新产品只对金融机构有利，对广大投资者和整个社会而言是有害的，“有毒资产”与“有毒食品”、“有毒药品”没有本质的区别，因此政府在这里加强监管是责无旁贷的。

但有的创新在一开始是对社会有好处的，但随着事物的发展可能产生了一些其他方面的负面效应，甚至大于其本来的好处，这时候监管与否和监管力度的掌握就颇具挑战性了。比如说期货交易的出现是为了对冲风险，期货市场确实也发挥了这个作用。但是今天许多商品的期货交易量远远大于现货交易量，显然多数的期货交易不是为了对冲风险，而是纯粹的投机。鉴于期货是一个零和游戏，那么当投机变成交易的主要动机和力量之后，其存在的积极意义究竟还有多大呢？再比如说在此次危机中起到重要作用的信用违约掉期，该产品本身不是一个坏的创新，它确实能起到降低投资者风险的作用。但由于不受监管，该产品极易受到操纵，成为“大规模杀伤性金融武器”，这时候该产品所带来风险足以抵消其所能发挥的有限的好处。这时候监管是必不可少的。至于如何把握监管的力度，或许我们可以参考食品和药品监管部门的做法，对于创新性金融产品事前要测试、要观察，事后要跟踪、要监管。或许金融机构认为这样做会放慢创新的脚步，金融机构只考虑自身利益，他们这么想无可厚非，但政府必须从整个社会发展的角度出发，不能为这种思路所左右。

我们也不要忘记金融创新带来的好处。一部金融发展史可以说就是一部金融创新史。对经济和社会发展必不可少、被我们视之为理所当然的许多事物都是金融创新的结果。货币的出现就是金融创新的结果，纸币的出现、银行的出现都是创新，还有股份制公司、股票市场、债券和保险服务，哪一个不是金融创新的产物呢？

因此，金融创新是提升中国金融业服务水平和竞争力的关键。当前，我国金融产品同质化现象比较突出，金融机构难以满足客户多样化需求，仍要加大金融创新力度。同时也要认识到，金融创新在促进金融发展的同时也蕴涵着新的风险，在大力推进金融创新的过程中，要特别注意防范金融风险。在监管能力不足的时候，为了维护金融稳定，可以适当放慢创新的步伐，但监管者也有责任加强能力建设，否则就会拖金融创新的后腿。对于结构复杂的金融业务和产品，要在加强金融监管的同时，督促金融机构加强内部控制和风险管理能力，引导投资者提高风险识别能力，实现政府监管、机构自我管理与市场约束的有效平衡。

二是健全跨行业监管合作与协调。以机构类型确定监管归属的监管模式已难以有效防范由此产生的跨行业、跨市场金融风险，应在分业监管体制下，进一步加强金融监管协调，实行机构监管与功能监管、合规监管与风险监管、单一机构监管与集团并表监管相结合，有效防止风险扩散。目前，我国金融监管部门的监管合作和协调不够充分。例如对于名目繁多但性质、功能相似的金融业务，不同监管机构制定的监管规则不统一，容易滋生投机行为和监管套利。因此，应进一步健全监管部门之间的信息共享，加强跨行业监管合作与协调，防范跨行业、跨市场金融风险。

三是加强系统性风险管理，强化央行金融稳定职能。金融业综合经营和金融创新对我国现行分业监管体制提出了更高要求。为此，需要不断提升系统性金融风险管理能力，强化中央银行维护金融稳定的法定职责，并提供相应的制度保证。目前，我国中央银行的系统性风险管理手段还较为欠缺，除了事后通过最后贷款人职能被动提供流动性支持外，难以通过参加金融业运行规则的制定来防范系统性风险，加之缺乏综合性数据和信息对系统性风险进行分析和预判，无法及时对问题金融机构采取早期纠正措施以防止风险扩散。在我国，防范系统性风险、维护金融稳定，需要相关部门通力合作才能实现，中央银行和金融监管部门在宏观审慎监管中应各自扮演适当的角色。由于人民银行拥有支付、清算、结算和信息的优势和资本，参照中国目前的情况，可以考虑将这一职责赋予人民银行。通过“牵头监管”模式，并与其他监管机构密切合作，解决监管过程中可能存在的“盲区”。只有对金融控股公司实施有效监管，将系统性风险发生的概率降到最低，才能保证金融业健康、稳定和可持续的发展。

五、借鉴美国的做法和经验，完善危机处置的机制和工具

一是应制定系统、有效、具有前瞻性的宏观经济政策。这次金融危机中各国政府均采取了大规模救助行动，运用了多种非传统救助工具。但由于受到政治因素影响，美国7000亿美元救助计划迟迟不能出台，以致错过最佳救助时机；危机蔓延至欧洲之初，欧洲国家出于各自的利益，各行其是，在泛欧层面上难以形成共识，从而造成救助行动迟缓。这表明，对宏观经济的判断和危机的救助措施必须及时。

在美国等国家采取了史无前例的救市措施、使金融危机见底、世界经济开始复苏之后，欧洲国家主权债务开始显现。遗憾的是，欧洲国家没能吸取美国金融危机救市的教训，在危机初始阶段没有采取果断措

施，使得危机逐步升级。早在2009年11月，希腊最先爆发出主权债务问题，但欧盟和欧洲主要国家和次贷危机初期的美国政府一样，先是低估问题严重性而不愿意出手救援，当意识到不救援不行的时候又三心二意，提出各种附加条件，救援力度也十分有限，导致问题愈演愈烈。到了2010年4月，希腊已经面临违约风险，而主权债务问题开始向南欧其他国家蔓延，世界经济可能二次探底，欧盟才下决心大规模救援，并与IMF携手筹建了总额达7500亿欧元的救助机制，以稳定市场信心和击退投机者的冲击。如果欧盟早一些采取果断措施，可能问题就不会发展到如此严重的地步。从当前的情况来看，金融危机还没有过去，未来可能会以新的面目出现，各国政府应该充分吸取前一阶段救市的教训，做到“出手要快、出拳要重”。

二是政府对市场的适当干预有助于提振市场信心，防止金融市场过度调整。按照市场化机制运作是当今国际金融市场的基本特征，这是体现微观效率的根本途径。但无数事实证明，市场化行为也具有明显的“羊群”特性，受心理因素影响强，易导致金融市场大幅波动。不仅如此，金融市场因其具有的高风险、高杠杆及资金链条脆弱的特性，潜藏着危及宏观金融体系的风险。显然，微观的金融机构是无法也无力去应对系统风险以稳定金融体系的，因此，金融当局责无旁贷地负有适当干预市场、保持金融稳定的责任。在此次金融危机之中，美国、英国及欧洲等国金融当局的联手干预行动，证明了适时干预对稳定金融体系的重要性及有效性。

三是应建立并完善存款保险制度，防范金融风险，提振公众信心。在没有建立存款保险制度的情况下，如果金融机构陷入危机，中央银行将独自承担最后贷款人和救援者的责任。此次各国在危机救助中的实践证明，合理有效的存款保险制度有助于减轻监管机构的负担，有利于保护投资者利益，稳定市场信心。对于在中国设立存款保险制度，有的学者有不同意见。因为中国的银行基本上都是国有银行，根本不存在倒闭的风险，所有的存款实际上都隐含着国家担保，如果实施存款保险制度是多此一举，甚至会引发储户的疑虑和担心。但实际上，随着中国银行业的改革与开放，中国银行业的所有权主体已经多样化了，除了大型国有银行之外，其他各种所有制的银行如外资银行、股份制商业银行以及城市商业银行和农村商业银行雨后春笋般地涌现，要求中央财政对所有这些银行都提供隐性国家保险是不现实的，既不利于这些银行的商业化、市场化发展，也不利于培育投资者的风险意识。我国正处于经济转轨的特殊时期，中央财政资金在国民收入分配中的比重日趋减少，加之金融市场发育尚不完善，金融监管手段还不够先进，在此背景下，建立并完善存款保险制度需要逐步提上议事日程。

四是应尽快针对有问题的金融机构建立紧急救助机制。建立有问题的金融机构紧急救助机制的目的在于尽快控制危机的蔓延，维护金融稳定。对出现问题的金融机构进行救助，政府部门、金融监管当局、中央银行、银行同业及股东都负有相应的责任。当金融机构在金融危机中出现问题时，作为应对危机的最关键因素，首先应是金融机构自救，方式包括多方筹资进行支付、动用存款准备金等等。而政府、中央银行、存款保险机构、监管当局等作为外部救助力量，应形成合力，形成一个多元化分工协调的救助体系。综合运用包括市场化救助手段和政府干预在内的各种方式方法应对危机，有助于维护金融体系的稳定，防止危机进一步蔓延。

五是加强国际合作。随着经济全球化及信息技术的发展，全球金融体系一体化程度不断提高，金融机构的跨国运作和资产的跨市场组合形成了金融市场的全球联动系统，金融风险及危机越来越具有高度传染的特性，局部风险及危机一旦出现，便会迅速向全球范围扩散。由于美国在全球金融市场的主导地位，源于美国的危机在全球传播的速度更快、范围更广、影响更深远。在此背景下，单一国家救助举措的效力势必大打折扣，国际合作救助的重要性凸显。一国金融当局在维护金融稳定时，不能把目光仅局限于本国，必须寻求在区域乃至全球范围内的合作。在美国金融危机向全球扩散之际，美联储和多个国家签署了货币互换协议，对于稳定金融市场起到了较好作用。在欧洲主权债务危机爆发之后，欧元大幅贬值，美联储再次与欧洲央行签订货币互换协议，实际上为欧元区提供了充足的流动性。中国和其他东亚国家也共同出资建立了亚洲储备库，为防范危机向东亚金融市场蔓延发挥了重要作用。金融危机很大程度上是一种信心危机，而且不可否认的是，每次危机中都会有投机势力兴风作浪。在这种情况下，单独一个国家或地区往往资源有限，不足以遏制恐慌和击退投机者，这时候可能就需要集中地区乃至全球的力量。美国金融危机能够见底，除了美联储启动“量化宽松”政策之外，与伦敦 20 国集团峰会承诺将 IMF 救助基金扩大 3 倍也有很大关系。同样，希腊主权债务危机没有进一步恶化，也是因为欧盟和 IMF 共同组建了 7500 欧元的救助机制。

六是将金融稳定作为金融业进一步对外开放的前提条件。基础不稳的金融体系在对外开放的过程中，可能会因为外界风险的引入，导致本国金融系统震荡加剧，并进一步波及其他国家。目前发达国家的金融市场已经相当开放，并连成全球一体化的网络。虽然这对提高全球的金融资源配置具有积极作用，但如果风险管理不善，一国内生的金融风险也会通过开放的渠道迅速波及全球金融体系。此次美国次贷危机引发的金融危机在一定程度上就是美国金融体系在风险管理方面问题的全球化。目前美国的金融当局也认识到了本国金融体系风险管理的问题，开始考虑采取包括短中长期目标在内的金融监管改革措施。这些将有助于防范及缓解开放环境下的系统金融风险对自身及其他国家金融体系造成的冲击。中国的金融体系尚处于发展阶段，面临着各种内外部风险，因此我们应对金融体系稳定高度重视，将此视为金融业进一步对外开放的一个前提条件。

六、积极参与国际货币体系改革，推动人民币国际化

此次国际金融危机充分暴露了现有国际货币体系的弊端。布雷顿森林体系崩溃之后，美元在继续保持主要国际储备货币地位的同时，不再需要承担稳定全球货币体系的责任。美元充当国际货币给美国带来了巨大的利益，美国可以无限度地向全球负债和提供流动性，美元的强势地位还使美国从全球贸易和逆差中获得巨大福利。

在这样的国际货币体系下，国际收支的调整转而变为美元的周期性贬值、升值循环。这种调整大致包含三个环节：

美国逆差，美元泛滥。美国通过发钞支付进口，贸易逆差持续扩大，消费率上升，储蓄率下降；新兴市场贸易盈余，外汇储备不断积累，投回美国金融市场。

美元贬值，资本外流。由于美元泛滥，低利率和流动性过剩刺激资产泡沫形成，美元贬值，资本外流；新兴市场外汇流入，货币升值，信贷增加，资产泡沫，经济过热。

美元升值，资本回流。流动性过剩使美国出现通货膨胀，联储加息，美元升值，资本回流；新兴市场资本外逃，货币贬值，信贷紧缩，资产泡沫破灭，经济下行。

这种周期性调整引发了全球经济、金融市场波动。过去 30 年中新兴市场国家出现的金融危机都能找到美国货币政策和美元汇率变化的影子。在关于金融危机原因的讨论中，美、英等西方国家提出，近年来持续存在的全球失衡，导致大量资本从新兴市场流向发达国家，造成宽松的资金环境，是导致此次危机的主要原因，进而在人民币汇率等问题上施加压力。实际上，在现行以美元为主导的国际货币体系下，美元周期性的贬值和升值，才是导致国际金融市场周期性波动和近年来全球失衡的根本原因。中国等新兴市场的外汇流入和汇率升值是全球失衡的结

果。一旦美元升值，国际资本流向逆转，反过来将给新兴市场带来贸易逆差、资本外逃和汇率贬值压力。

显然，这种美元独大的局面带来了诸多问题，国际货币体系需要一个美元的竞争者、甚至替代者。在这种背景下，欧元应运而生了。从表面上看，欧元区经济总量接近美国，主要由欧洲发达国家组成，在全球贸易和投资中占据重要地位，欧元是有可能挑战美元的。除了诞生初期的两年，欧元兑美元汇率总体保持强势，而且在国际储备和贸易结算中的比重稳步上升。但是，金融危机爆发之后、特别是在主权债务危机爆发之后，欧元作为一种货币同盟的制度性缺陷开始显现，欧元兑美元汇率大幅贬值，美元作为国际首要储备货币的地位不但没有被削弱，反而有所加强。这再次反映出改革当今国际货币体系的重要性。

美国不会轻易放弃国际货币体系的主导权。但国际上要求改革和重建国际货币体系的呼声越来越高，发展中国家也要求增强在国际金融体系的发言权、决策权，总体形势有利于我因势利导，在各方支持的基础上，提出有利于我国和发展中国家利益的建设性方案。

当前，应以建设性态度积极参与国际货币体系改革讨论，提出有利于维护我国国家利益的应对策略。一是重点强调加大对主要货币发行国的监督力度。现行体系监督重点主要集中于发展中国家，此次危机再次表明，主要货币发行国不受约束，没有承担起相应责任和义务，向世界过度输出流动性，是造成全球经济不稳定和金融市场动荡的根源。二是支持推进多元国际货币体系建设，提高特别提款权地位，推动其在国际贸易、投资特别是大宗商品计价中的使用。三是增加发展中国家在IMF等多边国际金融机构中的份额和发言权，改善有关机构治理，增加高管人员的代表性。

在上述背景下，如何利用当前形势抓住机遇，进一步扩大和规范人民币在对外经贸往来中的使用、提升人民币的国际地位，具有重要意义。

第一，有助于提高外贸企业应对汇率风险的能力。国际金融危机爆发以来，美元持续大幅波动。由于我国外贸企业在定价、支付中多采用美元，使这些企业承受了巨大的汇率风险。如在进出口贸易中采用人民币计价结算，将增强我国外贸企业抵御汇率风险的能力。在我国外汇市场尚未完全放开、金融避险工具匮乏的情况下，这项举措尤具价值。

第二，有助于减少我国巨额外汇储备可能面临的汇率损失。在我国的巨额外汇储备中，美元资产占70%左右，美元的持续走低已对我国储备资产的保值形成了较大压力。在贸易结算中鼓励使用人民币，可降低贸易结算中外币的比重，从而减缓外汇储备的累积速度。尽管美元近期有所升值，但其他发达国家货币又开始贬值。从长期来看，发达国家经济增长疲弱，债务危机难以消除，很可能会长期实行宽松的货币政策甚至竞争性汇率贬值政策。只有让人民币也能逐步发展成为国际货币，我们才有可能摆脱发达国家汇率长期贬值所带来的外汇储备损失。

第三，可减轻通货膨胀压力，提高货币政策的灵活性及有效性。近年来不断增长的贸易顺差，成为中央银行进行对冲操作从而增加货币供应量的主要原因。在贸易结算中鼓励使用人民币，可减少外汇资金的流入，减轻通胀压力。

最后，可理顺境外人民币回流渠道，维护金融稳定。目前境外人民币资金缺乏正当的回流渠道，各种非法地下钱庄的出现不仅扰乱人民币资金流动秩序，还滋生了洗钱等问题，并加大了人民币资金的统计与监测难度。人民币作为贸易支付手段，可通过进入银行体系并纳入正规回流渠道，规范人民币资金的管理，维护金融稳定。

主要政策建议如下：

第一，通过分阶段试点逐步推进，可以在数量上对海外人民币进行监控，允许在进出口贸易中接受人民币。可以采取分步走的做法：首先在部分地区选择部分有意愿的企业进行试点，之后逐步扩大至全国范围。如果上述措施效果良好，可进一步通过金融机构在对外融资或援助中使用一定的人民币额度，并视情况逐步增大额度。就境外而言，将香港作为一个重要平台，积极开展人民币贸易支付试点，这既有助于进一步促进香港与内地的经贸关系，又有利于提升香港作为国际金融中心的地位。由于作为交易伙伴的两地企业抗风险能力不同，交易的产品特点各异，使用人民币进行支付、结算的方式也会有很大区别，应针对不同区域、不同企业和不同商品的特点，摸索开展多种形式的试点。

第二，货币统计及监管手段应配套跟进。人民币使用范围超出本国将加大对境外人民币资金的统计和监管难度，建议从以下方面解决这个问题：一是建立及完善建立清算安排制度，整顿地摊银行并将其纳入银行监管体系，实现从银行账户到现金的数量监控；二是调整统计口径，以“居民”、“非居民”取代原有的国别货币统计口径，提高对跨境资金的统计监测效率；三是调整出口退税政策，将出口退税与币种脱钩，不以货币币种而是以是否真实出口作为退税的标准。

第三，建议积极考虑各国央行向我国提出的扩大人民币使用的各项需求，鼓励外国商业银行在中资商业银行开立人民币账户，在有额度限制的前提下，选定有条件的国家与我国建立人民币现钞调运机制，为全面扩大人民币的使用，创造支付清算与兑换方面的条件。对于它们提出的其他需求，建议予以积极考虑，分类妥善处理。

第四，考虑到我国对外援助资金的范围不断扩展，数量不断增加，建议在以上试点的经验基础上，鼓励在我国政府及有关机构向外国提供的贷款、赠款和各种援助中，划出一定的额度用人民币支付，以便形成人民币对外流动的常规渠道。

第五，适度加快资本项目开放步伐，向国际市场推出人民币计价的金融产品。在人民币国际化的进程中，必须考虑到贸易方使用人民币的需求。如果进口国拿到了人民币，却没有投资渠道，那么对方就不会有持有人民币的积极性。因此，国内资本市场的开放与人民币国际化是相辅相成的。

从长远来看，人民币逐步实现国际化，有利于促进国际货币体系的多元化和国际金融协调机制的民主化，从而改变美元一家主导国际货币体系大局面，消除国际货币体系的失衡和世界经济内在的不稳定性。尽管欧元区当前面临很大的挑战，但是全球货币体系确实需要美元之外的储备货币。换言之，只有包括人民币在内的主要货币对美元实行了有效的制衡，才能从根本上消除全球失衡的根源，促进全球经济和金融市场的稳定，减少全球性金融和货币危机的发生。

参考文献

References

[1] 博特赖特．金融伦理学．静也译．北京：北京大学出版社，2002

[2] 查尔斯·金德尔伯格．疯狂、惊恐和崩溃：金融危机史（第四版）．朱隽、叶翔译．北京：中国金融出版社，2007

[3] 方晋．论对冲基金的监管．《比较》第三十七辑．北京：中信出版社，2008

[4] 弗里德曼、施瓦茨．美国货币史．巴曙松等译，北京：北京大学出版社，2009

[5] 理查德·比特纳．贪婪、欺诈和无知：美国次贷危机真相．覃扬眉、丁颖颖译．北京：中信出版社，2008

[6] 罗伯特·希勒．非理性繁荣（第二版）．何正云译，北京：中信出版社，2008

[7] 罗伯特·希勒．终结次贷危机．李心丹、陈莹、夏乐译．北京：中国人民大学出版社．2007

[8] 瞿强．资产价格泡沫与信用扩张．金融研究，2005（3）

[9] 吴晓求等．金融危机启示录．北京：人民大学出版社，2009

[10] 余永定．美国次贷危机：背景、原因与发展．亚太经济，2008（5）

[11] 朱民等．改变未来的金融危机．北京：中国金融出版社，2009

[12] 朱伟一．金融大败局：华尔街的监管与危机．北京：清华大学出版社，2009

[13] Allen, F. and Gale D, "Financial Contagion", Journal of Political Economy, Vol. 108: 1 - 33, 2000

[14] Chen Y., "Banking Panics: The Role of the First—Come, First—Serve Rule and Information Externalities", Journal of Political Economy, Vol. l07: 946 - 268, 1999

[15] Diamond D. and Dybvig P., "Bank Runs, Deposit Insurance, and Liquidity", Journal of Political Economy, Vol. 91: 401—419, 1983

[16] Donaldson G., "Costly Liquidation, Interbank Trade, Bank Runs and Panics", Journal of Financial Intermediation, Vol. 2: 59—82, 1992

[17] Ferguson, N., The Ascent of Money, The Penguin Press, 2008

[18] Greenspan, A., The Age of Turbulence, Penguin Books, 2007

[19] Kaminsky G, and Reinhart C, "The Twin Crises: The Causes of Banking and Balance - of - Payments Problems", American Economic Review, pp. 473—500, June 1999

[20] Kindleberger, C. P. and Aliber, R., Manias, Panics, and Crashes: A History of Financial Crises, 5th Edition, John Wiley & Sons, 2005

[21] Krugman, P., "Model of Balance Payment Crises", Journal of Money, Credit and Banking, Vol. 3: 1 1 - 325, 1979

[22] Krugman, P., What happened to Asia, MIT, 1998

[23] McKinnon, R. and Pill, H., Credible liberalizations and International Capital Flows, in Financial Deregulation and Integration in East Asian, University of Chicago, 1996

[24] Minsky, H., "The Financial Instability Hypothesis", The Jerome Levy Economics Institute of Bard College, Working Paper No. 74, 1992

[25] Mishkin, F. S., The Economics of Money, Banking and Financial Markets, 6th Edition, Addison - Wesley Publishing Company, 2001

[26] Morris, C. R., The Trillion Dollar Meltdown, Public Affairs, 2008

[27] Obsfeld, M., "The Logic of Currency Crises", NBER Working Paper No. 4640, 1994

[28] Obsfeld, M., "Models of Currency Crises with Self - fulfilling Features", European Economic Review, Vol. 40: 1037—1047, 1996

[29] Panzner, M. J., Financial Armageddon, Kaplan Publishing, May 2008

[30] Radelet, S. and Sachs, J., The Onset of the East Asian Financial Crisis, Harvard University, 1998

[31] Soros, G., The New Paradigm for Financial Markets, Public Affairs, 2008

[32] The Global Financial Crisis: A Plan for Regulatory Reform, Committee on Capital Markets Regulation, May 2009

后记

Postscript

本书是国务院发展研究中心2009年度研究人员招标课题：《美国金融危机的成因及其对我国的借鉴》的成果转化而来。该课题的负责人是国务院发展研究中心对外经济研究部的方晋同志，课题组成员包括国务院发展研究中心对外经济研究部的吕刚和许宏强同志，以及中国人民银行的黄晓龙处长和北京大学的王勋博士。

在国务院发展研究中心内部开展研究人员课题招标制度是中心党组实行的一项重大的科研创新，实行一年多来，极大地调动了研究人员的工作积极性，特别是对我们年轻研究人员的科研组织和管理能力是一个很好的锻炼。中心党组不仅在课题研究和成果的转化方面给予了足够的经费支持，各位领导还在百忙之中参加了所有招标课题的开题和结题评审活动，提出了很多宝贵的指导意见，充分反映出中心党组对我们研究工作的重视和对我们年轻研究人员的关怀。在此，我代表课题组的全体同志向中心党组的张玉台主任、刘世锦副主任、侯云春副主任、卢中原副主任、金人庆原副主任、办公厅蒋省三主任、农村经济研究部的韩俊部长表示诚挚的敬意和衷心的感谢。

在此还要特别感谢参加课题招标开题和结题的各位评委老师，他们是国务院发展研究中心陆百甫原副主任、张军扩老师、余斌老师、任兴洲老师、李泊溪老师、程秀生老师、程国强老师、赵晋平老师、周宏春老师，以及国家发改委宏观经济研究院的王一鸣老师和中国社会科学院工业经济研究所的吕政老师。他们丰富的经验和深刻的洞察力，使我们获益匪浅。

还有许多同志为本课题的研究和本书的出版提供了支持和帮助。我们对外经济研究部的隆国强部长和全体同志在工作中提供了许多鼓励和支持，使我们能安心和顺利地完成此项研究。中心学术委员会的陆文强老师、科研处的李佐军、赵红、张力等同志是课题招标工作的具体承担者，他们付出了辛勤努力，这一点大家有目共睹。课题的财务管理工作也非常琐碎，多亏中心财务处的崔艳芬、董亚玲、靳军同志细致耐心地给我们提供了很多帮助。还有中国发展出版社的编辑同志，没有他们的努力，本书不可能及时面世。在此，一并表示感谢。当然，我最要感谢的还是课题组的几位同志，他们本职工作都很忙，能够抽出时间参加本课题的研究对我是最大的支持。

本书一共分为六章，其中第一章是全书内容的归纳和总结，由方晋执笔，第二章由王勋同志撰写，第三章由方晋和许宏强同志撰写，第四章和第六章由方晋撰写，第五章由吕刚同志撰写，第七章由黄晓龙同志和方晋撰写。

美国金融危机是一个“史无前例”的金融危机，目前还存在很多争议。在某些问题上，我们课题组内部也有不同意见。最后，我只好利用课题负责人的特权按照自己的意思去写。由于水平有限、经验不足，错误和疏漏在所难免，希望读者批评指正、多多包涵。

方 晋

2010 年 6 月 30 日